MENGTAISUOLI ZAOJIAO JINGDIAN
JIAOCHU HAOXINGGE DE HAIZI

蒙台梭利早教经典：

教出好性格的孩子

[意]蒙台梭利◎著
李世强 柴一兵◎编译

北京工业大学出版社

图书在版编目（CIP）数据

教出好性格的孩子／（意）蒙台梭利著；李世强，柴一兵编译．—北京：北京工业大学出版社，2016.11
（蒙台梭利早教经典）
ISBN 978-7-5639-4923-6

Ⅰ.①教… Ⅱ.①蒙… ②李… ③柴… Ⅲ.①儿童教育－早期教育 Ⅳ.①G61

中国版本图书馆 CIP 数据核字 (2016) 第 232405 号

蒙台梭利早教经典：教出好性格的孩子

著　　者：[意]蒙台梭利
编　　译：李世强　柴一兵
责任编辑：马潇潇
封面设计：清水设计工作室
出版发行：北京工业大学出版社
（北京市朝阳区平乐园 100 号　邮编：100124）
010-67391722（传真）　bgdcbs@sina.com
出 版 人：郝　勇
经销单位：全国各地新华书店
承印单位：北京天正元印务有限公司
开　　本：787 毫米 ×1092 毫米　1/16
印　　张：17
字　　数：171 千字
版　　次：2016 年 11 月第 1 版
印　　次：2016 年 11 月第 1 次印刷
标准书号：ISBN 978-7-5639-4923-6
定　　价：29.80 元

前　言

现在，随着二胎政策的出台，很多家庭中的孩子也越来越多，但关于如何教育孩子，很多80后、90后的父母却是知之甚少。我们看到社会上很多孩子都有着大大小小的毛病，很多父母对于如何教育子女也都很头疼。

不过，随着幼儿园老师和父母越来越多的互动和接触，一套“蒙氏教育”已经深入人心。大家对于“蒙氏教育”的内容都是大加赞赏。但是，很多父母和老师都是从“蒙氏教育”中摘取一部分来进行学习，很少有系统地阅读“蒙氏教育”的。

说到“蒙氏教育”，这里首先来介绍一下“蒙氏教育”创始人——蒙台梭利。蒙台梭利是意大利第一位女医学博士。但让她享誉全球的确是幼儿教育家这个头衔。她很早就一直在关注儿童早期教育领域，更独创了一套“蒙氏幼儿教育法”，该教育法盛行于整个西方，深刻地影响着欧美发达国家的儿童教育。而如今，蒙氏教育法也传遍中国大地。

蒙台梭利出生在意大利一个天主教家庭，从小就受到良好的教育。她一直非常关注儿童教育，更是对儿童身心方面的缺陷以及低能儿童有所研究。在研究多年后，她发现儿童的智力缺陷的问题属于教育问题，而不是医学问题。

蒙台梭利之后创立了“儿童之家”，这里招收3～6岁的孩子，她运用自己研究出的教育方式对他们进行教育和管理，取得了很好的效果。那些出身贫苦、甚至有缺陷的孩子，经过几年的教育后，产生了巨大的变化。他们变得自信、聪敏、朝气蓬勃。这一教育成果，在整个欧洲引起了巨大的反响，这也让蒙氏教育理念开始风靡欧洲。

蒙台梭利随后把自己的教育理念撰写成书，此书一经出版，很快销售一空，后又被译为20多种语言，在全球100多个国家销售。欧美更是出现了“蒙台梭利运动”。

蒙氏教育的理念在进入我国后，很快得到了各大幼儿园、教育者和父母的认可。现在，很多幼儿园的老师都在更深一步地学习蒙氏教育。而蒙台梭利更多的书籍也随之被引入国内。但很多读者读过原著后觉得思想虽然深刻，但是不易理解。

针对中国读者，我们对蒙台梭利的书籍进行整理分类，蒙台梭利早教经典系列共分成三本——《蒙台梭利早教经典：教出好性格的孩子》《蒙台梭利早教经典：教出高情商的孩子》《蒙台梭利早教经典：给孩子更好的爱》。希望本系列图书能够让父母更好地理解蒙氏教育的理念，从而为孩子培养出良好的性格和习惯。

目　录

第四章　培养良好的人格，就是建立优良的性格

第五章　有教养的孩子，性格绝不会差

第六章 让孩子在锻炼中培养出好性格

第七章　孩子要拥有好性格，需要拥有一个好老师

第八章　孩子的敏感期是培养好性格的关键时期

第一章 没有好的成长环境，好性格就缺少了滋养的土地

孩子的成长就是一种奇迹

美国著名的教育学家约翰·杜威教授曾在纽约做过一项调查。他深入当地大大小小的商店，看看有没有商店专卖为孩子特制的商品，比如小扫把、小铲子、小椅子之类的东西。结果让他非常失望，他没有找到任何一家这样的商店。他本来觉得，在纽约这样的大城市，这样的商店应该很多，然而调查的结果却出乎他的意料。人们甚至都不曾考虑要为孩子制造些东西，尤其是制造那些让孩子动手劳动的物品。杜威教授不由地叹息道：“孩子已经完全被我们遗忘了！”

是啊，大多数时候，成人都是嘴上说着爱孩子却又忽略了他们的真正需求。我们制造出来的绝大多数东西都是用来满足成人的需求的，专门满足孩子需求的物品却是寥寥无几。这个世界的物品琳琅满目、应有尽有，但在孩子看来，却没有什么物品是他们真正想要的。这个世界对孩子来说，就像荒野一样，孩子在这里只能漫无目的地走来走去。孩子感觉实在太空虚了，他们只能偶尔搞些恶作剧，比如打碎自己的玩具，来满足自己精神上的需求。

我们往往会忽视孩子的精神需求，实际上孩子并不像成人认为的那样只知道玩耍，他们也有劳动和工作的天性，然而我们却很少给孩子创造这样的机会。

在旧金山的一个“儿童之家”学校中，有一个性格直爽的小女孩。有一天，她被老师带着去参观附近一所公立学校。刚走进教室，她就发现屋子里的桌椅上布满灰尘，她环顾四周，却没有找到擦桌椅的抹布。这个女孩直接对那里的老师说：“这间教室真是太脏了！您知道孩子为什么都不愿意擦桌子吗？就是因为连一块漂亮的抹布都没有，要是这样，我也不愿意打扫卫生。”

孩子用的家具一定是要可以清洗的，并不只是因为这样比较卫生，真正的理由在于，这些可以清洗的家具，给孩子提供了“乐意去做”的机会。孩子学会了注意环境、学会了把污点洗干净，久而久之，孩子就会养成保持干净的好习惯，会自觉地把他身边的东西刷洗干净。

我们会给孩子各种各样的玩具，这些玩具都非常可爱、活灵活现，然而对于对生活充满好奇的孩子来说，这些作为“生活浓缩品”的玩具还是太死板太单调了。刚开始孩子还可能对它们有点兴趣，还能欢喜地玩出点花样，时间久了，他们对这些玩具也就厌倦了。然而，我们成人没有觉察到这一点，只知道将一大堆的玩具堆到孩子面前，以为这样就能让他们高兴，就能满足孩子的需求。事实上，孩子对这些千篇一律、堆积如山的玩具非常厌烦，但他们无力反抗，只能每天兴趣索然地摆弄着玩具。

这就像是在父母与孩子之间开了一个大大的玩笑：虽然父母不停地投入，但是孩子却不喜欢父母的投入。而之所以会出现这种情况，根源就在于父母没有把孩子看作平等的人来对待，没有考虑孩子的多种需要。我们应该明白，孩子在这个世界上需要的不是各种各样的玩具和洋娃娃，而是有利于他们身心健康发展的丰富多彩的环境。

要想让孩子的身心全面健康地发展，就要给孩子提供一个适宜的环境，但是这样的一个适宜孩子健康成长的环境却非常难得。只要你环顾四周就会发现，在那满大街的商店内、在那琳琅满目的商品中，适合孩子的东西少之又少。商店里的盥洗盆、沙发都不符合孩子的需求，而那些小桌子、小刷子之类的适合孩子的东西却又不见踪迹。

孩子的力量十分弱小，很多时候都需要成人的帮助和鼓励。作为父母，如果真的关爱孩子，就应该抓住孩子成长的关键时期，对孩子付出尽可能多的爱。爱孩子，就应该努力为孩子提供适宜的环境，让孩子自由自在地生活和成长；爱孩子，就应该竭尽全力去满足他们的真正需求。

我想给父母提一个诚恳的建议：你为孩子准备的每一件物品，都应该有很强的吸引力。每一样物品都应该既坚固结实又可爱有趣，只有充满吸引力的东西，才不会让孩子出现审美疲劳。

相信很多父母都能体会到一点——孩子的成长就是一种奇迹。对于这个充满奇迹的过程，我们最好做一个旁观者而不是一个直接的干预者，给孩子提供成长所必需的东西和必要的帮助，静观孩子的一切

成长变化。我们只需要做到这些后等待孩子奇迹般的成长，并迎接孩子带给我们的惊喜和感动。

孩子需要一个适宜的自由的空间去健康快乐地成长。作为父母，我们有责任和义务为孩子创造一个这样的空间，因为这个自在的空间能够开发孩子的智慧，提升孩子的能力，促进孩子自由发展。

给孩子一个自由的空间，他会给你创造出一个世界

从事新式教育，不仅教师的职能需要改变，学校的环境也必须改变。仅仅把新式教材引入普通学校，是不可能进行全面革新的。学校应成为孩子能够自由生活的场所，他们不仅可以在这里享有发育方面潜在的、精神上的自由，而且能使他们从生理和心理上都可以在这里找到成长与发育的最好条件。

这里告诉我们：什么是最适宜孩子发展和成长的环境？那就是自由的环境。

两岁以上的孩子已经进入个性发展的重要时期，如果过于束缚他们思维和意识的发展，可能会妨碍孩子的心理和智力发展水平。要让孩子在快乐自由的环境下从幼年步入童年，仅有爱是不够的，更重要

的是要为孩子提供真正适合其成长的环境。

细心观察孩子，你会发现两三岁的孩子最喜欢说“不要”这句话。他们不仅是不要做不愿意做的事，有趣的是，如果问他“一起去买好吃的好吗”这种他们想去做的事，他们可能也会说“不要”。其实这是因为，此时的孩子已经有了自己的想法，但是他们还不能顺利地表达，因此只能用“不要”来表达自己的想法。这是孩子开始有了自我意识的表现，而且这也是对孩子进行能力培养、智力开发的关键期。既然孩子此时有了自我意识，我们就应该尊重孩子这种自我意识的发展，试想，一个人在社会生活中要与他人合作，如果他没有自我思想，怎么能对社会做出贡献？每一个人都是集体中的一员，必须拥有独立的意见，将自己的想法与对方的想法比较之后，再与他人的意见和想法进行协调，而不是一味听从对方的意见。这样的人，才能够促进社会的进步。所以，教育孩子，关键在于呵护他们最为重要的独立意识。

这种独立意识的外在表现即是自由发现。这是孩子以自己的角度进行观察和探究的一种方式，同时，自由发现也能够满足孩子对所生活的周围自然和物质环境的好奇心。而在自由发现活动中，至关重要的是孩子应该拥有独立自主探索的自由，这种自由让他们能够完全信任自己，而不必担心得到“错误”的答案。孩子能在一种安全舒适的环境中，用自己的方式对“为什么”“是什么”“怎么样”“什么时候”等问题展开探究，以满足其寻求答案的天性。

那么，我们应该怎样创造一种适合孩子发展的、自由的环境呢？

首先，如果在教育中孩子对某些材料表现出极大的兴趣，教育者应该允许孩子自己去熟悉材料：而且在孩子工作的过程中，也要允许他们展开观察，并且鼓励他们表达出对活动积极、良好的感受；同时，如果孩子在探索的过程中遇到了困难，我们也应该允许他们通过对自身行为的控制来建立自我评价，而不是马上指出不对之处并且代劳。

孩子们给出的答案，其实无所谓对或错，因而对他们来讲，也没有什么失败之说；由于孩子年纪小，不可能在短时间内完成我们交给他们的工作，因此，我们应该给他们提供宽松的学习时间，而且要有耐心地等待他们完成。我们要细心分析每一个孩子的学习进程，分门别类地展开活动，因材施教。在孩子自由发现的同时，为了使科学活动取得最好的效果，还要注意强调自然环境和物质环境对其的作用。因此，适宜的环境，其实就是通过为孩子提供简单的设备和材料，而将大部分的精力放在观察孩子身上，给孩子提供非限定性探索外界事物的机会，而不为其设立任何参照项。这也就是所谓的开放式教育。

这样做对成人来说或许是困难的，但是对孩子们来讲却是为他们提供了天堂一般的成长环境。因为成人常常想用成人发起的事件、给予的结果以及成人的情绪来阻碍孩子自然的、自发的和本能的好奇心，而这种阻碍一旦形成，常常会使孩子不知所措并丧失主动性。

但那种严格控制学习环境会让孩子们产生压迫感，会让他们无法正常地活动，也就谈不上自我的发展了。在教育之家，有一个专门为孩子设计的尽量自然的环境。在我的观念中，自然环境中的一切事物都与孩子的年龄及成长阶段相配合，这里的各种工具都能够帮助孩子们锻炼他们正在发展中的能力。在这个教育环境中，教育者首先要指导孩子如何使用教具，然后退居一旁，让孩子们自己把个人的能力表现出来。我深信，孩子们有这样的能力，而且一定能够将能力发挥出来。因为我相信：每一个孩子都正处于最具创造性和发展性的阶段，他们就站在智慧的大门前，我们所要做的，只是为他们把大门打开而已。至于大门内多姿多彩的世界，则应该由孩子们自己去探索。事实上，孩子们确实具有从虚无中创造出实际事物的能力，他们的潜能能够激发出实际的行动，这种看似从无到有的变化，其实并不复杂、神奇，他们可以毫不费力地展示出来。

因此，只要我们能够准备一个自由的环境，配合孩子生命的发展阶段，孩子们便会自发地显现令人惊叹的创造精神与能力。

重视孩子社会本能的培养

环境对生物的重大影响，早已被生物科学所证实，进化论中更指出，环境对物种繁衍和生物形态会产生影响，环境会使后者发生改变，甚至使其变异。我们当然无法验证所有的理论，然而这一结论经由法国昆虫学家法布尔的研究确实得到了印证。法布尔借助对昆虫生存环境的研究，让人们对昆虫的成长过程有了新的认识。透过生物研究我们可以确认，除非能在自然环境下对生物进行观察研究，否则我们无法对其有透彻的了解。

当我们探讨人类和环境之间的关系时会发现，与其说是人去适应环境，不如说是人创造了一个环境来适应自己。人们身处一个社会环境里，在这个社会环境中，有一些特别重要的精神力量在发挥作用，它们构成了人们社交生活中的人际关系。假如一个人不能在一个环境里生活，他不但无法正常发展自己的潜能，更无法学会了解自己。新式教育理论的中心思想之一，就是呼吁人们重视孩子社会本能的培养，并且鼓励孩子与同伴相处。

很多人经常建议我，在桌脚和椅脚下贴一层塑胶止滑垫，以此减少桌椅移动时的噪声。我倒觉得发出点噪声反而比较好，因为这样我们才知道自己的动作是不是太粗鲁了。孩子往往一动起来，就没有什么秩序可言，他们也不太懂得如何去控制自己的行为，这是因为孩子还没有发展到可以将自己的行为控制自如的地步，这点和大人是不一样的。

在儿童之家里，孩子的每一个粗鲁动作都会被椅子和桌子发出的噪声“展现”出来，为此，孩子就会变得非常注意自己的动作。儿童之家里也会摆设一些易碎物，像玻璃盘子、花瓶等。有的大人可能会质问我们：“你们为什么这样？这些玻璃制品一旦到了三四岁孩子手上，一定会被打碎的！”有这种想法的人，似乎把几片玻璃看得比孩子还重要。难道这类值不了多少钱的东西比对孩子身体的训练还珍贵吗？

在一个真正属于孩子的环境中，孩子会尽力注意自己的举止，控制自己的行为。在这种环境中，孩子不需要外来的激励就能够改进自己的行为。我们可以从孩子的脸上看出他的喜悦和骄傲，偶尔还会看到他那种正经样儿，这说明孩子天生就能改进自己的行为，而且他们也喜欢如此。说真的，一个三岁孩子的人生道路上有什么呢？唯有成长。我们一定要尽我们所能帮助孩子进行自我改进，这样孩子日后才能成为一个有用的人。换句话说，我们必须给孩子机会让他们练习自己必须会做的事，因为发展就是靠不断地练习而来的。孩子喜欢洗手，这并不完全因为他觉得洗手很好玩，而是因为洗手让孩子觉得自

已能够在生活中自己动手做事。这是他发展所有能力的根本所在。

在孩子成长的过程中，在孩子借助于工具尽力让自己将事情做得更好的时候，我们应该做些什么呢？大人往往费尽心力想要帮助孩子，实际上却妨碍了他们的自然发展，这就像许多学校把桌椅固定在地板上一样。没错，孩子的确好动，而且动作常常显得粗鲁不堪，但是孩子从来不认为如果桌椅不固定的话，自己就会将之破坏。虽然把桌椅固定后看起来比较整齐，但是这样一来，孩子永远也无法自行让身体行动有秩序了。我们也许会帮孩子准备一个铁碗或铁盘子，这样他在把碗盘摔到地上时碗盘也不会被打破，但是这么做反而会让孩子像着了魔似的更想把碗盘往地上丢。我们这样做只是用障眼法把问题隐藏了起来，但是孩子除了会继续犯错之外，这种人为限制也将成为阻碍他自然发展的绊脚石。

通常当我们看到孩子遇到困难的时候，我们会立即介入，帮孩子完成他将要做的事。或许我们的脑子里有一个声音在说："你想要自己梳洗，自己穿衣服？别麻烦了，我就在这儿呀！我会帮你做任何你想要做的事情。"这个被我们剥夺了自主权的孩子会变得很难相处，我们会把他的自主行为当成是不乖的行为，而我们却以为帮孩子做事是为了孩子好。

我们应该想想看，在孩子生命的前几年，他是怎么度过的。他被限制在家里，家里只有不能打破、不能弄脏的东西，孩子根本无法随意动弹，更没有机会练习控制自己的身体，学习使用日常生活中常用的东西。许多学习必要生活经验的机会就这样被剥夺了，孩子的生命也将因此而受到影响。

有些孩子好像没有人可以管得好，他们老是烦躁不安、闷闷不乐，每次都不愿意乖乖梳洗，他们的父母只好任由他们，从不加干涉。每个人都说这些父母真好又有耐心，可以每天容忍这样的孩子。然而这种做法真的就是对孩子好吗？如果真是如此，那人们未免误解了“好”的标准。

对孩子好并不等于去容忍孩子所犯的每一项错误，而是应该找出避免孩子犯错的方法。对孩子好，就是要尽可能让孩子自然地生活与成长；对孩子好，就是尽可能供给孩子成长所需东西。我们应该认识到孩子其实十分弱小无力，他需要别人的帮助，只有这样才是对孩子好和爱孩子的表现。

当我们在属于孩子的环境里观察他们的行为反应时，我们发现：为了让自己把事情做得更好，他们总是自动自发地工作。我们不但可以从孩子选择的物品中看出，孩子的确处于一个合适的环境；也可以看出孩子借由使用的这些物品，进而还发现了自己的错误。

我们应该为孩子做些什么呢？

什么也不必做。

我们已经努力为孩子提供了他们所需的一切，现在必须要做的只是克制自己想要帮助孩子的冲动，静静在一旁观察，跟孩子保持一段适当的距离，不要常去打扰他，但也不要放任不管。当孩子在做一项

在他看来非常重要的事情时，他会显得很沉静，而且自得其乐。除了在一旁观察之外，还有什么需要我们做的呢？这正是我成立蒙台梭利学校的目的。因为在蒙台梭利学校里，当老师成为观察者时，孩子反而能够自发地从事他们自己的活动，这一点和一般学校的教学模式正好相反。在一般学校中，老师采取主动，孩子则停留在被动的位置。然而，越想让孩子成长与发展得更好，老师就越应只是在旁观察。

这让我想到我们学校里发生的一件令人捧腹大笑的事。有一次校工忘了把学校大门的锁打开，孩子因此没办法进入学校，心情都不太好。老师最后对孩子说："你们可以从窗户进去，只有我进不去。"于是孩子一一从窗户爬进教室，老师则心甘情愿地守在门外看着孩子们在里面玩。

因此，我们应建立一个能够指引孩子、为孩子提供锻炼机会的适当环境，允许老师暂时离开孩子。这样一个环境的设立，就是教育的一大进步。

孩子的成长离不开大自然的力量

三至六岁这个年龄段就是我们通常所说的玩耍的年龄。如果你因此就觉得这个年龄段的孩子最需要的是各种各样的玩具，那就错了。

在这一阶段的孩子最需要的反而是融入大自然，在好奇心的驱使下去触摸大自然的一花一木。

孩子总是充满了好奇心，常常会不厌其烦地问父母这样或那样的问题，比如“这是什么花呢”“那朵花什么时候才能开呢”“什么时候蝴蝶再飞回啊”，这些问题看似简单幼稚，却是孩子好奇心萌芽的表现。

那么，如何才能满足孩子的好奇心呢？带他们走进大自然吧！缤纷多彩的大自然是满足孩子好奇心的最佳场所。

如果你家附近有公园，那么父母可以多带孩子去看看，观察各种花鸟虫草的变化。例如，父母可以带孩子去池塘边观察小蝌蚪，看看它们游泳的样子，观察它们慢慢长出的脚等。如果父母富有爱心，还可以用小瓶子装几只小蝌蚪带回家，和孩子一起观察它们是怎么一点一点变成活蹦乱跳的青蛙的。等到小蝌蚪变成了青蛙，再教孩子把它们放回大自然。

夏夜的星空是多么的迷人啊！父母也可以带孩子去观察星空。很多神话故事都和星空联系在一起，尤其是希腊神话和北欧神话更是如此。在观察星空的过程中，父母可以一边和孩子欣赏夜景，一边向他们讲述动人的传说和故事。同时，观察星空还是父母向孩子传授星座等天文知识的好时机。让孩子对闪烁不定的星星和圆缺交替的月亮产生兴趣，对神秘的宇宙充满向往，这样或许能够培养出未来的天文学家呢！

孩子的好奇心永远不会停止，大自然无疑是孩子最喜欢观察的，他们能够在大自然中发现各种各样有趣的东西。让孩子平时注意昼夜更替、阴晴雨雪、电闪雷鸣等自然现象吧！让孩子去看花草树木、原野河流、蓝天碧湖吧！在这一过程中，父母还要尽可能用通俗易懂的语言为孩子进行讲解，告诉他这些自然现象背后的成因。

即便孩子还很小，也带他们去野外玩耍吧！去感受丰富多彩又充满神奇的大自然吧！父母可以用小推车推着孩子，或者让孩子坐在自行车后的小椅子上，这样他的视野会更开阔。即使孩子很小，也会对大自然表现出浓厚的兴趣，他们那东张西望的眼睛，就是他们好奇心的说明啊！

对孩子进行自然教育实际上非常简单，即便没有宽阔的操场和庭院，只要找几平方米土地来种植花草或找一小块地方给兔子做个窝就可以了。如果父母有心，在窗台上种一个小盆栽，这也是对孩子进行自然教育的好方式。

曾有一位母亲，每逢儿子过生日的时候，就会带他去种一棵树苗，并对儿子说："孩子，这是你的生日树，你长大一岁它也就长大一岁，等你长大了，它们将会长得枝繁叶茂，为大地带来一片绿荫；等人们砍伐了这些树，将它们运用到各处时，你也要像树那样，成为一个有用的人啊！"

这位母亲运用这种别出心裁的教育方式，在植树的同时，也将一颗善良美好、满怀希望的人生种子种进了孩子的心田。

大自然不仅陶冶孩子的心灵，而且丰富了孩子的精神世界。照料小动物能够让孩子富有同情心，照看花草则培养了孩子热爱劳动的品德。在大自然中，孩子获得了大量的灵感和经验，并能够把它们说出来，这样孩子的语言表达能力也发展了。如果孩子能通过绘画或音乐的形式将大自然再现出来，他们在美术和音乐方面的天赋也发展了，这样就能够更好地表达思想和感受。

总之，大自然既为孩子传授了自然科学方面的知识，又培养了孩子的品格、陶冶了孩子的情操。在大自然中，孩子的身心得到了全面发展。

教育家苏霍姆林斯基曾经说过："人曾经是而且永远是自然之子，所以应该与大自然血脉相通，从大自然中获取精神财富。孩子周围的世界首先是一个自然世界，在这个世界里包含着无穷事物和无限美，大自然就是孩子理性的永恒源泉。"

只有在大自然中，孩子的天性才得以完整地解放。父母很难想象得到，孩子是多么喜欢亲近大自然啊！当孩子置身大自然的时候，他们的激动与喜悦真是无以言表。这种真挚的情感，我们不应该也不能够通过语言向他们描述出来，必须让孩子亲自去大自然中体验。孩子在体验生命的灿烂与凋零、脆弱与顽强的过程中，也逐渐学会了怜悯、学会了尊重、学会了珍惜自己和关爱他人。

我们可以设想这样一种简朴平静的日常生活：父母悠然自得地从事着简单的劳作，院子里跑着鸡呀、狗呀等可爱的小动物，孩子可以给它们喂食，还可以跟它们自由地玩耍，甚至可以和它们“说话”。父母从来不阻止孩子的这些行为，而当孩子感到疲倦时，躺在树荫下就可以安心地睡觉了。在这样的生活中，孩子找到了一个自然的庇护所。

然而，有的父母却不这样认为，他们总喜欢按照自己的意志去打断孩子与大自然的亲近。当孩子在花园里尽情地玩耍时，父母总是警告孩子不要攀折花木、不要践踏草地等。这样做看似非常有道理，但往往会让孩子丧失心中的乐趣，再也没有兴致继续玩耍。

在父母看来，孩子只要经常活动活动腿脚，能够呼吸新鲜空气，就足以保证其健康成长。父母总是担心孩子会受伤，在孩子玩耍的时候千叮咛万嘱咐，甚至不允许孩子独自出去玩耍。有时候，一些孩子即使被妈妈允许玩沙子或玩水，也无法尽兴，因为父母总是一再向孩子强调不要弄脏或弄湿了衣服，总是对孩子说：“不要回家让妈妈洗脏衣服！”

孩子非常渴望能够和大自然亲密接触，但是父母却往往会阻止他们这么做。大自然是孩子的心灵家园，父母这样做，容易人为地割裂孩子与大自然之间的联系，让孩子失去自己的心灵家园。

事实上，孩子的成长离不开大自然的力量。只有与自然万物相互交融，孩子的精神世界才能不断丰富。大自然才是孩子智慧的引导者，正是它逐渐挖掘出孩子的天性。孩子能够从大自然中不断获得新知、不断进步，直到他充分理解周围环境里的事物。

丰富多彩的大自然才是孩子快乐成长的家园，所以孩子的生活不应仅仅局限在家里。去室外玩耍是每个孩子向往的事情，即便家里有再多的玩具也不能阻挡他们那颗去大自然探索的心。再大的家园都关不住一颗天真烂漫、渴望自由的童心，广阔的自然天地才是孩子的乐园。在大自然中，孩子渴望像小鸟一样自由自在地飞向大海、飞往森林、飞上蓝天，这才是他们真正的本性。当孩子在大自然中欢呼雀跃地玩耍时，他们是多么快乐呀。

无论家庭环境多么温馨，无论家庭为孩子提供的生活多么丰富多彩，孩子还是不愿意只蜷缩在屋子里。在他们的眼里，有时家就像监狱一样。我曾听到有个孩子向他妈妈抱怨道："妈妈，家里一点都不好玩，只能玩玩具，不能跑来跑去，不能大声呼喊，不能和小伙伴们一起做游戏。一个人待在家里太没意思了！我一点也不想在家里待着。"

然而做父母的却总认为乖乖地待在家里的孩子才是听话的好孩子，只有待在家里面学习才是发展孩子智力的好方法。于是，他们强行把孩子关在屋里，教他们算术、识字，给他们讲故事、看图画。事实上，我们恰恰忽略了最重要的一点——大自然才是孩子最重要的课堂，自然万物才是孩子最全面、最丰富的教科书。鸟语花香、山川河流都会给孩子带来美好亲切的感觉；耸立的大树、活泼好动的小动物、绿意盎然的小草，这些拓展了孩子的眼界，极大地丰富了孩子的知识。

家不应该成为孩子的牢笼。给孩子自由吧，带孩子到大自然中去吧，让孩子去大自然中探索和学习吧。在小雨淅沥的时候，让孩子跑进雨里吧；清晨，让孩子迎着朝霞，光着脚丫在青草地上奔跑吧；当春天到来的时候，带孩子去原野踏青吧，让他们感受鸟语花香，呼吸新鲜空气。

让孩子在大自然中懂得爱

大自然是神奇的，也是慷慨的，它将丰厚的果实回报给了劳动者。在大自然中越是辛勤劳作，为大自然里的生物付出越多，你获得的劳动果实也就越丰厚。正是人与大自然这种紧密的联系，让人对大自然产生了深厚的感情。

培养孩子对大自然的情感，是教育的重要内容，想做到这一点最好的方法就是让孩子栽培植物。因为植物在自然生长过程中，不断地向人类展示着它们的美和果实，植物这种“少索取，高回报”的精神最能熏陶孩子的情感。

亲手种一株花，亲手植一棵树，都能给孩子带来无尽的欢乐，因为他们都喜欢植物。喜爱植物的孩子大都性格善良、温和、富有同情心，而且好奇心也极强。在日常生活中，父母可以带着孩子在院子里种植物，或者送孩子一个小盆栽，并和孩子一起观察它、照顾它。各色植物会为孩子的生活带来缤纷的色彩。同时，在与植物的接触过程中，他们也能不断获得自然科学方面的知识。

当孩子把一粒种子埋进土里之后，最先看到的是种子突破土层长出嫩芽，而随着幼芽一天天长大，孩子会慢慢看到花蕾，然后是青色的小果实，最后是成熟的大果实。在这个过程中，孩子会认识到不同的植物有不同的生长特性，一些植物发芽很快，一些则要晚一点；落叶植物生长得快，果树长得慢……

看到这些神奇的自然现象，孩子幼小的心灵就有了对自然万物生长的概念：原来植物与植物是不同的，有些生长得快，而有些则生长得慢。

在栽培植物的时候，孩子刚开始往往热情高涨，后来由于耐心不足慢慢就失去兴趣。孩子种下一粒种子后，总是希望第二天就能看到种子发芽甚至开花结果。于是，隔不了多久，孩子就会跑过去看看它有没有变化，口里念念有词道："怎么还不发芽呢？怎么还不发芽呢？"如果过了一个星期还没看到芽长出来，他们的兴致就会消失殆尽，对它再也不管不问了。

这样的情形屡见不鲜。应该如何保持孩子的兴趣呢？这里有个小诀窍——第一次和孩子一起种植物时，一定要选择那些生长快的植物，比如胡萝卜。胡萝卜种下去之后，用不了几天幼芽就破土而出，孩子不需要苦苦等待。这对于刚开始栽培植物的孩子来说，是再好不过的选择。

在买胡萝卜的时候，挑选一个顶部带叶子的，然后把叶子取下来，把胡萝卜放在装满水的盆子里。这样就可以和孩子一起观察胡萝卜顶端发芽的整个过程了。

我们还可以尝试一下豌豆。豌豆很常见，在市场和商店都很容易买到。种豌豆可以说是最简单的了，而且豌豆这种植物发芽快，便于孩子观察。小小的豌豆芽看起来非常可爱，孩子一定非常喜欢。最重要的是，父母可以很惬意地品尝孩子亲手种出来的豌豆，这可是孩子的劳动果实，吃起来与从市场或商店买回来的豌豆一定不一样。

在罗马的一个儿童之家中，培拉先生在种植园里摆放了许多花盆。于是这里的孩子一下子就勤快起来：他们每天都用喷壶给这些花盆浇水，忙活得不亦乐乎。有一天，我去那里，发现孩子们正围坐成一圈，聚精会神地观察着什么。我走近一看，原来他们在看一朵灿烂的红玫瑰。这可是他们一直辛勤劳作才浇灌出来的红玫瑰！看着美丽的花朵，这些孩子一句话也不说，只是坐在那里面带笑容地沉思。此时此刻，孩子一定沉浸在某种无法言说的幸福之中吧。

在这里，还发生了一件让人深思的事情：在离孩子的种植园不远的地方，有一幢住宅楼，因为隔了一面墙，就有了一块半封闭的空地。平时很少有人去那片空地，居民们就习惯把各种垃圾从窗户扔向那里，久而久之那里就变成了一个垃圾场。

刚开始的时候，孩子们的种植园也被殃及，里面时不时堆满了居民们扔下的垃圾。但是当楼上的居民知道这块地的用途后，就再也不从窗户乱扔垃圾了。大家开始留意这块种满了各种植物的可爱园地。他们经常用慈爱的目光看着孩子们心爱的园地。看到孩子们的杰作，他们还不禁泛起笑容来。我想，在他们这种默默无声的鼓励与关怀下，孩子们一定会健康成长吧。

在日常的生活中，很多父母都为如何帮助孩子亲近大自然而发愁，他们不知道该如何增进孩子和大自然之间的感情。事实上，让孩子从事劳动就是帮助孩子亲近大自然的最好方法。要知道，孩子非常喜欢动手，劳动起来好像永远不知疲倦。劳动让孩子不断成长，劳动让孩子更有活力。在劳动的过程中，孩子不断接触自然并理解自然，对大自然的情感渐渐也就培养起来了。

有条件的父母可以开辟出一块地来，专门让孩子用来种植植物。播种时，我们可以让孩子观察种子的大小、形状和颜色；等种子发芽后，可以引导孩子仔细观察其生长过程，并向孩子讲解，让他们了解水、空气、阳光对植物生长的作用。孩子一般很乐意做拔草、浇水之类的简单工作，我们可以借此机会教给孩子一些基础的劳动技能。在劳动的过程中，孩子逐渐养成了好习惯，与大自然的感情也更为深入。

即使周围环境条件不好，我们也可以想办法为孩子感受自然创造条件。我们可以在阳台上或房屋边的空地上种植一些花草，这样既美化了环境，又能陶冶孩子的性情。我们还可以带孩子到周边的花园、植物园等地去参观，并在参观的时候适时给孩子们讲植物知识。这样不仅能增长他们的见识，还能培养他们爱护植物的意识和热爱大自然的情感。

在让孩子接近大自然方面，我们不仅可以从植物方面入手，也可以从动物方面入手。从生物学上，我们已经发现孩子和小动物有一致性：他们都充满了生命力，都在茁壮成长。正是由于这种内在的共鸣，才使孩子热爱生命，喜欢有生命力的东西，尤其是活泼可爱的小动物。

孩子与小动物的关系，就像父母与子女的关系一样。在对小动物精心照料的过程中，孩子对小动物的兴趣与热情也随之不断增加，与此同时孩子也逐渐理解成人对自己的爱护，对成人也会心生感激之情。

在米兰的儿童之家，我们养了很多小动物，其中有一对非常可爱的小白兔，孩子们为它们搭建了一个小巧玲珑的窝。在兔子窝前的空地上，孩子们还用篱笆围出一个小院子，小白兔们可以在里面玩耍嬉戏。夜幕降临的时候，小白兔们就会乖乖地回到窝里睡觉，等他们都进了窝，孩子们就会过去把兔子窝的门锁上。

每个孩子都喜欢这个工作，都抢着去做。为了公平，他们按顺序轮流去锁门，等到第二天早上，再高高兴兴地跑过去开锁，放小兔子们出来。所有的孩子都喜欢照料小白兔，他们照料小白兔时别提有多用心了。他们给小兔子们送水和干草，喂它们吃，看它们玩耍。他们看到小白兔们什么都不缺了，才会放心地走开。

有一天，从米兰寄来了一封信，是一位老师写给我的。在信中，这位老师非常热情地告诉我，米兰儿童之家的小鸽子孵出来了！孩子们听到这个消息后都欢呼雀跃，对于他们来说，这真是一个天大的好消息，他们就像过节那样高兴。在某种程度上，孩子已经把自己看作这些小鸽子的“父母”了吧，自己的“孩子”出生，他们怎么能不高兴呢？孩子那种既兴奋又高兴的心情发自他们的内心，这是多么真挚的情感啊！

照顾小动物可以说是孩子最喜欢做的事情之一。当孩子做自己喜欢的事情时会神情专注，除了正在做的事情，其他的一切都不在意；当他完成了自己的任务后，内心就有一种莫大的成就感。

当孩子明白他们所饲养的小动物需要他们勤勉地喂食才会慢慢长大后，他们就会对生命产生一种责任感，对小动物变得用心起来。孩子意识到如果他们不去照顾这些可爱的小动物，它们就会死亡。这时候，在孩子的内心深处，总有一个声音在不停地说着：“照顾这些动物是我的责任，千万不要忘记自己应该承担的责任啊！”而且这个声音也是他们照管下的小生命的内心呼声。

曾有一位老师给我讲过一个非常喜欢鱼儿的小孩的故事。这位老师一直很奇怪这个孩子为什么总喜欢长时间待在教室外面。直到有一天他在喷水池旁边意外地发现了那个孩子后才知道了原因，当时孩子正蹲在那里一动不动、目不转睛地盯着水中游来游去的鱼儿。那位老师走到孩子的身边，叫他的名字时，他正观察得如痴如醉，根本没有听见。

所以，每一位父母，只要有条件就送一只可爱的小动物给孩子吧。孩子会很用心地去照料小动物，这是他的天性使然。在照顾小动物的过程中，孩子的责任感在不知不觉中就培养起来了。同时，和小动物相处还能丰富孩子的情感，唤起他们的爱心。

第二章 没有独立的个体，就不存在自主的性格

蝴蝶的美丽由毛毛虫蛹化而来

人类从出生到18岁成年可以分为三个阶段：0岁～6岁（我们主要研究的阶段）、6岁～12岁、12岁～18岁。而每一个阶段又可以分为两个小阶段。如果我们对各个阶段进行单独研究就会发现，在不同的年龄阶段，人们的心理特征具有显著的差异，而且不同个体也表现出明显的差别。

我们都知道，第一个阶段（0岁～6岁）是一个创造性的阶段。虽然刚刚出生的婴儿还没有形成性格，但他们的性格恰恰是从这时开始发展的。0岁～6岁是人生重要的阶段，对性格的发展也起到了非常重要的作用。我们都知道，我们无法对尚在襁褓中的婴儿施加任何外在的影响，是大自然为他们性格的发展奠定了基础。这些婴儿没有好与坏的意识，不受我们道德观念的控制。事实上，我们也不会用坏或不道德来评价某个孩子，而只会用调皮来形容他们。因此，在这里我们也不会使用“好”“坏”“不道德”等词语。

在6岁～12岁阶段，孩子开始有了好与坏的意识。他们不但能够用自己的好坏标准评价自己的行为，也能够评价别人的行为。学会辨别好与坏、正确与错误，是这个年龄阶段孩子的主要特征。这时，孩子也具有了初步的道德感，这种道德感最终会促使他们形成一种社会意识。

在12岁～18岁阶段，孩子知道了要爱祖国，意识到了自己是属于某个特定的民族或种族的，也产生了相应的荣辱感。

虽然正如上文中所说的那样，每个阶段都与其他两个阶段具有显著的差异，但事实上每个阶段也都为下一个阶段打下了基础。要想在下一个阶段进展顺利，就需要在前一个阶段打下良好的基础。就像毛毛虫和蝴蝶在外形上虽然是不同的，但蝴蝶的美丽却是由毛毛虫蛹化而来的，而不是向其他蝴蝶模仿而来的。只有拥有现在，才能创造未来。在一个阶段中个体的需求获得的满足越多，在下一阶段就会发展得越好。

人类通过怀孕来繁衍生命。如果父母两人都不酗酒，也没有其他疾病，他们所孕育的孩子绝大多数都是健康的。孩子是否健康也取决于他们在胚胎期间是否受到了不良影响。胎儿在妊娠晚期也可能会受到影响，但是这种影响只会来自环境，也就是母体在妊娠期间的生活环境。如果胚胎的生活环境良好，他们出生后就会健康、强壮。因此，受孕和怀孕期间母体的生活环境都对出生后的孩子有影响。

孩子在出生后的2年～3年内，所受到的影响可能会决定他们的一生。在这期间，如果他们受到伤害、暴力或其他不良的影响，其性格就有可能发生偏离。也就是说，如果孩子在发展的过程中遇到障碍，就有可能导致他们的性格偏离正轨；如果他们能够自由成长，他们的性格才能正常发展。如果我们能在受孕、孕育、出生和出生后的各个过程中，采用科学的方法对待孩子，就会渐渐发展成一个正常的人。

如果我们想对孩子在0岁～3岁时形成的缺陷进行治疗，那么我们就要把重点放到3岁～6岁这个阶段。因为，大自然这时还在忙于帮助孩子形成和完善他们其他的能力。

对0岁～6岁这个阶段的研究，我们的学校做出了一些贡献。我们可以根据这些研究成果，为孩子提供一些有益的帮助。换句话说，我们拥有自己的教育方法。但是，如果孩子在0岁～3岁时造成的一些缺陷没有得到弥补，那么这些缺陷将会保留下来，对孩子的影响也会越来越严重。通常这种情况都是由于成人的忽视或错误的治疗方法造成的。如果孩子在6岁之后仍然留有3岁之前形成的性格缺陷，那么这些缺陷将会对第二个阶段（6岁～12岁）产生影响，妨碍他们对正确和错误的认知。

所有这些缺陷都会对孩子的心理和智力发展产生影响。如果前一个阶段中不利于孩子潜能发展的缺陷没有得到纠正，孩子就会在这个阶段表现出学习困难等状况。因此，6岁以后的孩子可能会受到前一阶段缺陷的消极影响，出现一些不正常的特征表现。比如，6岁～12岁的孩子应该表现出一定的道德感，但在他们身上没有出现；或孩子的智力发展水平低于正常值，等等。所以，这样的孩子可能既在性格方面有缺陷，也在学习上有困难。在最后一个阶段，他们已经存在的缺陷还会导致其他更多的缺陷产生。最后，这个人可能就会变成一个有过多缺陷的人。

现在，在我们的学校和其他许多学校中，教育者为每一个孩子都准备了一个记录身体发育和心理发展的档案，这可以为老师提供一些指导。因为如果我们了解了孩子在每个阶段所受到的影响，就能推测他们心理问题的严重程度，并采取合适的对策。

在我们的档案中，包括：父母遗传疾病方面的信息；孩子出生时父母的年龄；母亲怀孕期间的一些情况（如母亲是否在怀孕期间发生了什么意外状况、是否曾突然摔倒，等等）；孩子的出生过程是否顺利，出生时是否健康，出生后是否曾经缺乏活力；孩子家庭生活的其他方面问题，比如，父母是否对孩子的期望值过高或过于严厉，孩子是否受到过惊吓，等等。如果孩子在性格方面表现出怪异、反复无常等特征，我们就会对档案进行研究，找出原因。在3岁之前就来到我们学校的孩子，通常会有这样或那样的不正常表现。但是，这些不正常的表现都在他们以后的生活中得到了矫正。

我们希望能够同时对孩子的所有缺陷进行讨论，并使用不同的方法进行矫正。但是，由于缺陷的种类繁多，我们将其分成两类：一类是可以克服障碍的、强壮的孩子表现出的缺陷，另一类是在不利条件面前屈服的、弱小的孩子表现出来的缺陷。

第一种类型的孩子大多都有反复无常的表现，并有愤怒和暴力等倾向。

他们的典型特性是不服从命令，也就是我们所说的“毁灭性的本能”。这些孩子常常表现出很强的占有欲，表现得极度自私、嫉妒，并且他们会出现抢占他人东西的行为。他们的行为缺乏目的性（这是孩子很常见的表现），无法集中注意力，不能协调地使用双手进行活动。他们经常将手里拿着的东西掉到地上或打碎。他们容易心理紊乱，并时常沉溺于幻想。这些孩子无法安静下来，爱大嚷大叫。他们喜欢打扰和取笑别人，对弱小的孩子和小动物不友善，吃饭的时候也常有贪吃的表现。

第二种类型的孩子大多表现得很被动、消极。

这类孩子的主要特征是懒惰、散漫，他们喜欢用哭来乞求别人，以此获得别人的帮助。他们总是要求成人照顾他们，而且很容易产生烦躁的情绪。他们对很多事情都感到恐惧，习惯于依赖成人。他们还常有撒谎（这是一种自我保护的被动形式）、偷东西（这是补偿心理的一种表现）等表现。

除了以上这些心理异常表现外，这些孩子的身体上也常常会出现一些由心理引起的异常问题。比如，因为拒绝吃饭、没有胃口或者没有饱腹感而引起的消化问题。有些孩子还经常做噩梦、怕黑，睡眠质量不好，还有些孩子患有贫血——某些类型的贫血和肝脏问题是由心理问题引起的，这一观点已经被证实。这些孩子在精神方面通常也存在一些问题，这些由心理问题引起的疾病用药物治疗大都没有效果。

某些因素对人格的正常、健康发展产生了影响，最终导致了疾病、缺陷等问题的出现。而这些问题又会反过来对正常的行为和性格的发展产生重大的影响。

成人大多不喜欢这样的孩子，尤其不喜欢第一种类型的孩子。这类孩子的父母总是想要摆脱他们，或把他们托付给保姆，或送他们到学校，他们容易成为“有父母的孤儿”。虽然这些孩子身体健康，但是他们的心理发展却不正常，这无疑会对他们的行为产生消极的影响。

这些孩子的父母，有的向别人求教，有的则自己想办法解决问题，他们都想找到纠正孩子的方法。有些父母可能会更严格地要求孩子，以为这样做就可以解决问题；有些父母则用尽了各种办法，比如责打、责骂，甚至不给孩子饭吃，殊不知这些做法最终只会导致孩子更加不听话或出现更多问题。于是，父母常常用“你为什么总惹妈妈生气”这样的话来规劝、教育孩子。最后，实在没有办法的父母只能对这些孩子放任不管了。

而那些被动、消极的孩子则不会引起成人的这种关注，他们的行为不会被视为问题。父母会认为这些孩子很乖、很听话，因为他们从不犯错误。孩子对父母的依赖也会被父母认为是一件好事。父母会说：“我的孩子非常喜欢我，如果我不在，孩子就不会上床睡觉。”但是慢慢地，父母会发现，孩子的运动能力和语言能力都发展得非常迟缓，他们走路总是摇摇摆摆。这时，父母会说：“我的孩子很健康，只是有些敏感。他对任何事情都感到害怕，甚至对食物也没有兴趣。但是孩子的内心世界很丰富。在吃饭之前，我必须要先给他讲一个故事。这个孩子将来可能会成为一位诗人！”但是，最后父母会知道孩子确实病了，而且必须要求助于医生。由专家最后确定，孩子在心理方面患上了某些疾病。

如果我们能够对孩子的创造性活动有所了解，这些问题就会迎刃而解。我们现在已经认识到，孩子性格上的一些缺陷是由于成人在孩子年幼时（婴儿期）的一些错误做法造成的。如果处于这个阶段的孩子被成人忽视了，那么他们的头脑就会一片空白，因为他们没有得到为自己的头脑填充内容的机会。这个“饥饿”的大脑是许多问题产生的根源。

问题产生的另一个原因是孩子缺少创造性活动的机会。这样的孩子很少能够获得充分的发展，他们很少做有创造性的事情，他们还常常被留下来一个人独处。很多时候，成人为他们做好了所有事情，而不给他们自己做事情的机会。

这些错误做法都会产生非常严重的后果。这些孩子除了对手里拿着的东西感兴趣外，对其他任何事情都不关心。虽然这些孩子在主观上想做很多事情，但却无法行动起来。即使他们得到了自己真正渴望的小虫子或小花，他们也不知道怎样玩，只会把它们毁坏。

毫无原因的恐惧这一问题也可以在他们的早期阶段找到原因。

我们的学校之所以能够取得成功，是因为生活在这里的孩子原有的缺陷都消失了。孩子发现自己生活在一个可以自由发展的环境里，他们可以自由地发挥自己的潜能，促使自己的心理得到发展。在孩子的周围有很多有趣的东西，可以让他们自由地使用。每一样东西都可以吸引他们的注意力，让他们专注地进行活动，这样他们就能够做到集中注意力做一件事情，他们身上的缺陷也会随之消失。以前的没有规律变成有规律了，以前的被动变成主动了，以前调皮的孩子变得懂事了。

这一现象告诉我们，孩子身上所有的缺陷都不是天生的，而是后天产生的。孩子与孩子之间都没有太大的差异，所有这些不正常的表现都源于孩子的心灵没有获得充分的滋养。

我已经准备好了，我要自由

心理学家研究认为，孩子能够站起来需要经历四个阶段。

第一个阶段是坐起来。

第二个阶段是翻身、爬行。如果在这一阶段你让他抓住你的两个手指头，他就会用脚来走路，虽然仅仅是用脚尖接触地面。

第三个阶段，他就可以独自站立了，并且是整个脚掌着地，已经能够完成人的正常站立姿势。当然，他还要扶着其他东西，如拽着母亲的衣服等。

不久之后，他就会达到第四个阶段：不需要别人的帮助自己走路。

孩子所有的发展都可归因于孩子的内部正在渐渐成熟。

孩子现在已经达到了一个新的独立水平，独立的意义就是自己能够做事情，可以不需要他人的帮助做一件事情。在渐渐独立的情况下，孩子就会快速地发展，反之孩子的发展就会减缓。了解了这一观点，我们就应该知道如何去对待孩子了。上述理论其实是在提醒我们这样一件事情——不要向孩子提供过多的、不必要的帮助。比如说，如果孩子想独立行走，我们必须允许他们如此做，如果一个孩子长到三岁时我们还把他抱在怀里（不能否认这种情况在现实生活中经常出现），他的发展就一定会受到限制。如果孩子已经达到了能够独立的阶段，成年人的帮助只会成为阻碍。

很显然，我们不应该整天抱着孩子到处走，而应该让孩子自己走。如果他想做什么事情，我们就应该给他东西，给他一个锻炼的机会。这个小家伙只有通过自己亲力亲为，才能渐渐走上独立之路。

当手的技能和腿部保持平衡的能力联合起来之后，孩子就不会仅要求走路，而是要走很长的路，并且会拿一些较重的东西。孩子已经能够抓东西的手现在必须学习负重，并且移动这些重物。有的孩子会用双手捧着一大罐水，努力地保持着平衡，一步步慢慢走动，这也是一个克服重力的过程。孩子还喜欢攀爬，喜欢抓住某样东西把自己吊

起来。他现在抓某样东西的目的已经不仅仅是要拥有它，而是要通过这个东西爬到高处。这也是锻炼力量的过程，孩子的这一整个时期都是在锻炼力量。这也符合成长的逻辑规律，那就是成年人必须让身体足够强壮。

随后，孩子已经能够走路，并且对自己的力量有足够的信心。这时他开始注意周围人的各种动作，并且努力去模仿。在这一时期，他模仿别人不是因为别人教他这么做，而是因为他自己本身有强烈的内在需求。

于是我们可以总结出自然界的以下逻辑规律：

第一，让孩子能够站立；

第二，让他们能够走路，并且变得强壮；

第三，让他们参与到周围的活动中去。

我们可以看出，孩子成长要经历许多准备阶段。他必须先对自己和自己的身体器官进行准备；然后，他会逐步变得强壮，接下来就是对他人进行观察；最后自己能够独立做事。这都是自然的要求，大自然还要求孩子进行练习，比如爬椅子、爬梯子等。只有在这些都完成之后，他才能进入一个新的时期，产生自己做事的心理需求——“我已经准备好了，我要自由”。

让孩子多经历些痛苦，才能发现自我

我们可以设想一个这样的环境：孩子在里面闭上眼睛就能四处走动，他所需要的物品只要一伸手就能拿到。这样的环境无疑能够让人放松并产生安全感。当一个人适应了他所处的环境，他就能自由地行动，为自己的目标而努力。

从两岁开始，孩子就进入了个性发展的重要时期。在这个时期不能过于束缚孩子的思维和意识的发展，因为这很可能会妨碍他们心理和智力的发展水平，应该让孩子在自由快乐的环境下茁壮成长。

当孩子从幼年步入童年后，只给予他们爱是远远不够的——提供真正适合他们成长的环境才是最重要的。什么才是适合孩子成长的环境呢？答案就是自由的环境。

对于孩子来说，儿童之家就是一个可爱、舒适的地方，就像一个温馨和谐的大家庭，孩子自由快乐地生活在其中。最适合生活的地方就是最美的地方，而儿童之家就是这样一个美好的地方，校园干净美丽，周围环境也非常优美，所有的东西都让人感觉舒适而温馨，这样当然会给孩子一种家的感觉。

孩子都喜欢舒适而自由的环境，这样的环境能够大大促进孩子的成长发育。在这样的环境里生活，孩子会产生强烈的主动探索的欲望，他们会主动去观察和发现那些新鲜的事物。这一点，是身处混乱环境中的孩子无法做到的。为什么会这样呢？因为孩子有着非常敏锐的直觉，他们所需要的就是一个美丽、丰富、和谐、自由的环境。

在儿童之家，教室里的一切布置都是根据孩子的需要进行设计的，在这里，孩子的活动极为便利：挂衣钩在墙上很矮的地方，孩子一伸手就能够把衣服挂好；门把手也恰好能够被孩子的小手握住，这样他们就可以轻轻地推开门走进教室；椅子轻重合适，孩子能够轻易挪动。

这样的布置能够让孩子在其中很愉悦地从事各种活动，在这些活动中，他们的每一个动作都是那么轻松而优美。对于孩子来说，他们在做事的时候也是一种享受。

自由是我们热爱生活的主要原因，自由带给我们幸福与健康。有位哲人曾说过：“人不能只靠面包活着。”也就是说，人除了基本的生活外，更应该追求精神上的自由。对于孩子来说，他们更应该拥有精神方面的自由，孩子不是属于谁的，他是一个个体，一个自由的人，他拥有自由的权利。而且，在孩提时代，他们的精神世界是那样与众不同，如果给予他们精神上的自由，他们就会创造一个不一样的思想世界，在那个世界中，他们天马行空地创作、不拘一格地思考。天才，不就是这样横空出世的吗？

我们的身体不停地从大自然中获取营养，所以一个自由健康的环境对我们来说是必需的。当自由被限制和束缚的时候，连我们成人都会感到不快，并认为这是对自己的一种伤害，所以我们也应该能够明白孩子是多么需要自由。心灵的健康与我们的身体健康也密切相关，当我们的心灵生病时，身体也会受牵连。

作为父母，我们的使命就是让孩子自由地成长，然后静静地观察这个成长的过程。在我们静静地观察孩子的时候，我们也许会不由自主地想起别人说过的话："让孩子多经历些痛苦，才能发现自我。"也就是说，不要妨碍孩子去做任何事情，尽可能多地给他们自由，让他们自己去体会和经历。

在孩子成长的过程中，成人的帮助必不可少，这也是孩子所需要的。但是，当孩子正在独自完成一项事情时，他们正在尽力想把某件事情做得更好时，我们还要多此一举去帮助他们吗？

在现实生活中，很多父母绞尽脑汁、费尽心思地想要去帮助孩子，结果却适得其反，他们处处为孩子代劳，反而成了孩子发展道路上的障碍。

在纽约有一位妈妈，每次看到自己四岁半的儿子要去搬东西的时候，虽然她总是忍不住想要去帮忙，但最终还是没有去阻止或帮助儿子。

直到有一天，儿子要把一桶水提到厨房里时，她伸出了援手。妈妈站在旁边观察着儿子，发现他神情非常紧张，走起路来显得很吃力。儿子很缓慢地走着，嘴里还不停地提醒自己要小心。

水桶太重了，这位妈妈再也忍不住了，就走过去，从儿子手中一把提起水桶，帮助儿子将水桶提到了厨房。尽管妈妈帮了儿子，他却一脸的委屈，看起来很难过的样子。

这个时候，妈妈才意识到自己做得有些不妥，心里觉得有些内疚，可她并不觉得自己做错了。她觉得提一桶水对儿子来说实在太难了，尽管她心里很明白像这样的事情应该让孩子独自去完成，但她不忍心看着自己的儿子这样吃苦受累，所以才自己迅速地把这件事情做好。

很多时候，父母不愿意让孩子在类似的事情上耗时间和精力，而是更愿意帮助孩子轻轻松松地做完。

我们在交流的过程中，这位妈妈也承认她做得不够好。我向她提出了一个建议："你能不能为孩子找到更合适的工具让孩子装水呢？比如一个小盆子。如果孩子用小巧的盆子去做这件事情，效果会不会好一些呢？"

这位妈妈接受了我的建议。后来她激动地告诉我，她儿子可以用小盆子很安全地把水搬到目的地。在整个过程中，他都非常小心，每走几步就停下来歇一歇，喘口气再继续往前走。在一旁一直观察着的妈妈紧张不已，等到儿子终于到达目的地时，这位妈妈像个孩子一样高兴得手舞足蹈，跑过去紧紧地抱住儿子。整个过程中，她都担心那个盆里的水会溅出来，但是儿子却成功地完成了这项工作。

通常情况下，当我们看到孩子遇到困难的时候，总是习惯性地选择主动干预，并按照自己的意愿去帮助他们。很多时候我们会觉得，只要我们稍微帮助孩子一下，孩子就不必那么辛苦，就能把某件事情快速做好。

殊不知，我们这样做就等于把孩子的自主权给剥夺了，时间长了，孩子的能力就会退化，要么变得经常抱怨，要么经常和父母对着干，这其实是因为我们不恰当的帮助行为害了孩子。

有一些妈妈总是向我抱怨道："我孩子真是淘气，整天捣蛋、哭闹、不听话，让做什么偏不做什么，我怎么办才好呢？"其实，妈妈的这个问题往往不是问题。如果她能够为孩子创造一个适宜其生理和心理发展的环境，那么问题就能迎刃而解。在这个环境中，孩子拥有充分的自由，他们可以做自己想做并有能力去做的事情。

当孩子在属于自己的环境中生活时，他的脸上会写满喜悦和骄傲。我们经常会看到孩子一本正经地做事，这说明孩子天生就具有自我改进的能力，这种自我改进就是成长。作为父母，我们要做的就是尽可能地帮助孩子做好自我改进的工作，让孩子在成长的道路上不断地自我完善。

在这一过程中，我们必须要为孩子做很多事情吗？其实，我们不必做太多——为孩子提供一些他们所必需的东西就足够了。当孩

子有些艰难地独自去做一项工作时，我们总会有一种想要去帮助孩子的冲动。这个时候，我们要克制自己，静静地在一旁观察就好，和孩子保持适当的距离：对孩子既不要放任不管，也不要随意去妨碍他。

通常情况下，孩子在做自己喜欢的事情时，会显得很安静很专注，而且乐在其中。这时，我们除了在一旁观察之外，还能做什么呢？

过去我们一直认为：孩子的双腿、双手、耳朵等一切都是需要父母极力呵护的。正是在这种自以为是的想法下，我们感到自己责任重大，害怕自己难以胜任，甚至会感到惶恐不安，因此徒增不少忧愁。正是怀着这种忧虑的心情，我们总是去干预孩子的活动。所以我们必须扭转自己的想法，给予孩子自由的空间，让孩子自己去做他们能做的事情。一旦我们有了这样一种科学的认知后，就可以轻松地对自己说：“大自然自会有它的安排，我们不必过多干预。想要孩子健康成长，我们只需给予他充分的自由，只需安静地观察孩子的成长就行了。”

给予孩子尊重，这是他们最需要的

有一次，我给孩子上一堂“如何擦鼻涕”的课。我给他们讲解了多种运用手帕的方法，指导他们如何尽可能悄悄地、有礼貌地擦鼻涕。虽然这是一件有些搞笑的事情，但孩子非常认真、尊敬地看着我做示范，没有一个人发笑。我刚示范完毕，他们就报以在剧场里才能听到的热烈的掌声，这让我非常吃惊，我从来没有想到孩子能这么热烈地鼓掌。

那天，正当我要离开学校的时候，孩子们突然对我大声说：“谢谢您，谢谢您给我们上这样一课！”当我走出学校的时候，孩子们一路静悄悄地跟着我直到大街上。他们在人行道上排列整齐地站着。我回头说：“回去吧！孩子们，路上小心！”然后，他们才转身飞快地走了。我真切地感受到尊严对孩子来说有多么重要。

孩子擦鼻涕经常被成人嘲笑，所以他们就敏感地认为擦鼻涕是件很害羞的事情。大人的嘲笑更加重了孩子的这种认知，也伤害了孩子的感情。有的父母为了防止孩子弄丢手帕，甚至强迫孩子把手帕别在围兜上，这样看起来非常搞笑，这对孩子造成了进一步的伤害。但是，从来没有人想过要真正教会他们应该如何正确地擦鼻涕，所以当我认真给他们讲解的时候，他们就感觉自己受到了尊重。我触及了他们心中的敏感点，这个敏感点也联系着孩子极为有限的社交生活。

有一天，一位老师提前通知我们说，将有一个大人物来访，他想和这些孩子们单独在一起，以便更深入地了解他们。我对那位老师只说了一句话："让孩子们一切都顺其自然就好！"

然后，我对孩子们说："明天将有一位客人过来，他要和你们待在一起，我希望你们在他眼里是世界上最棒的孩子。"

后来，那位老师向我反映这次访问的情况。她说："我们的孩子们表现得非常棒。他们请这位客人坐下时非常礼貌地说'先生，您请坐'，还向他问候说'早安'。在这位客人离开时，他们把头探出窗外，为客人送行，并一起喊'谢谢您来访，再见'。客人十分满意地走了。"

我责备这位老师说："我说过不要做什么准备工作，一切都顺其自然，你为什么要教孩子们这么做呢？"

她回答说："我并没有教孩子们这样做，是他们自觉地这样做的。我几乎不敢相信自己的眼睛，没想到这些孩子能够这么懂礼貌。我对自己说，这肯定是上帝创造的奇迹。"

她还说，孩子们比平时表现得还要勤奋和出色，那位来访者都被震惊了。

很长一段时间内，我都对那位老师的话半信半疑。我担心她在我不知道的情况下强迫孩子做准备工作，所以我一再问起她这件事。直到最后我才意识到，孩子表现这么好是完全有可能的。孩子也有尊严，所以当陌生人来访的时候，他们会真诚友好地接待来者。他们以在尊敬的客人面前表现出自己良好的行为而感到自豪。

虽然我对孩子们说，我希望他们被看成世界上最好的孩子。但这显然不是他们表现这么好的全部原因。即使我只说，明天有一位客人要来拜访你们，这些自尊自信的孩子也会像那天一样去接待客人。

那些普通来访者也难以掩饰自己兴奋的心情。例如，曾有一些衣着华丽、气质高贵的女士，她们像出席宴会一样来到这里。当她们看到这些活泼、天真又彬彬有礼的孩子时，不禁大加赞美。这些孩子为她们致欢迎词时，她们真是欣喜若狂。孩子拉着女士们漂亮的衣角，拉住她们纤细美丽的手，气氛非常融洽。

尽管孩子的表现看起来神奇无比，但原因实际上很简单。当孩子产生对尊严的渴望时，他们就没有了过去的羞怯，与周围环境之间的障碍也消失了。这样，他们的生命如鲜花一样美丽，在阳光下盛放，散发着浓郁的芬芳。更重要的是，他们未来的发展道路因此而畅通，他们不必再隐藏、畏惧或逃避什么。

事情就是如此简单——他们能迅速适应环境。

孩子表现得活泼可爱又镇定自若，随时能爆发出无穷能量，让与他们接触的成人感到内心振奋。孩子会感激所有关爱他们的人，渴望给那些重要的人留下生机勃勃的好印象，这样他们也就成了社会的关注点。

在儿童之家，发生过这样的事情：一位教师把用过的教具放回到盒子里，一个孩子就会走近盒子，并拿起教具，想模仿教师。

这种情况下，教师的第一想法就是先让孩子回到座位上，于是他对孩子说："别动，回到你的座位上。"

在他这样说的时候，他一点儿都不知道，其实，孩子只是想通过这个行为来表达他们想成为"有能力的人"的欲望。对教师来说，这是教会孩子东西要摆放有序的最好时机，可惜却被他忽视了。

很多时候，我们需要给予孩子一些自由行动的权力，然而遗憾的是，很多人，不管是父母还是教师，都不能很好地辨别什么时候该给孩子自由，什么时候不能给。

我们学校有一个例子：

有一天，一群孩子有说有笑地围成一个圈，圈中间是一盆水，水里浮着一些玩具。有一个两岁半的小男孩被挡在了圈外，很显然，他的眼神里充满了好奇。我在远方很有兴致地观察着他：

他首先走近那些孩子们，试图挤进去，但他不够强壮，根本挤不进去。接着他站在那里看着他的周围，他脸上的表情非常有趣。我真希望有一架照相机能把这个情景照下来。

这个时候，他看到了一把小椅子。看他的样子，他似乎打算把它放在这群孩子的后面，然后爬到椅子上。他开始向椅子走去，脸上闪烁着希望的光芒。但就在这个时候，教师用双手"残酷"地（或者说他可能只是轻轻地）抱起了孩子，把他举过其他孩子，让他看到了这盆水，说：“来，可怜的孩子，你也可以看到的。”

毫无疑问，小男孩看到了浮在水中的玩具，但他没有享受到用自己的力量克服困难所得到的快乐。对我们来说，让孩子看到那些玩具并不是我们真正想看到的结果，我们认为孩子为了看到那些玩具，自身所做的努力对他智力的开发才是最为可贵的。

我们不得不遗憾地承认，在这个事例里，教师阻碍了孩子的自我教育，并没有给他任何补偿的机会。这个小家伙本打算让自己成为一个征服者，但最后他被压制在一双手臂之间，无能为力。孩子脸上那高兴、焦急和充满希望的表情慢慢消失了，留在脸上的只是孩子知道了别人会为他做任何事情的傻傻的表情。

我们可以将孩子的活动过程用一个曲线图来表示。在纸上画一条平行线，表示孩子正处于休息状态，平行线以上表示有纪律的活动，平行线以下代表随意乱玩、没有规律的活动。而曲线和平行线之间的距离代表活动的规律程度，曲线的方向则表示时间的长短。用这种方式，我们可以将孩子每一个活动的时间长度和规律程度用图形呈现出来，而孩子的活动过程将会在图上形成一道曲线。

这种方法也可以用于测量一个孩子在儿童之家所做的活动。当孩子进入教室后，通常会先安静一会儿，接着才开始找事情做。因此，曲线是先往上画到代表有规律的活动部分。然后孩子玩累了，活动开始变得有点混乱。这时曲线会画到平行线以下，一直下降到其活动没有规律的部分。接下来，孩子会换一项新的活动。举例来说，如果孩子先玩带插座的圆柱体，接着拿起蜡笔认真画了一段时间画，过了一会儿又去逗弄坐在旁边的孩子，这时候的曲线就必须再一次画到平行线的下方。接下来，孩子和玩伴斗嘴，这时候的曲线将继续停在活动没有规律的部分内。再后来孩子觉得累了，随手拿起几个铃铛放在秤上，渐渐专心地玩了起来，孩子的活动曲线则再一次往上攀升到有活动规律的地方。等到孩子玩得不想再玩了，可又不知道接下来要做什么的时候，孩子会烦躁地走到老师身边。

孩子的活动曲线当然无法显示出孩子是怎样玩每一种东西的，这一问题我在其他地方将会展开讨论。大多数无法专心的孩子，都与上述活动曲线的描述相吻合。这些孩子往往无法把注意力集中在一件事情上，他们通常会漫无目的地从一项活动换到另一项活动，例如原本准备在半年时间里用到的教具，他们在几个小时内就玩遍了。孩子这种显得毫无章法的行为是很平常的事。

过了一段时间，也许几天、几个礼拜或几个月，我们又重新替注意力无法集中的孩子做了一张新的活动曲线图，我们发现他已有了专注的能力。

从活动曲线图上，我们也可以明显地看出孩子的活动状况。他虽然没有非常严重的脱序现象，但是离完全有规律的活动的目标还有一段距离。也就是说，孩子的活动曲线大致维持在有规律和没有规律的活动范围之间。这种类型的孩子在进入学校后，趋向于找比较容易的事情做。之后，他也许会从教具里找出一些他早已熟悉的东西，重复练习那些他已经学会的东西。过一阵子之后，孩子看上去有可能会有点疲倦，显得似乎不知该做什么，这时他的活动曲线会下滑到代表休息状态的位置。以上活动模式，不但从一个孩子身上表现出来，甚至全班的孩子都是如此。

针对这种情况，一个缺少实际教学经验的老师该怎么处理才对呢？缺乏教学经验的老师也许会这么想：孩子们已经做了一阵子日常生活练习，又花了很多时间在教具练习上，所以他们一定是累了。既然孩子是因为自己玩累了才没有办法集中注意力，所以错不在老师身上。

一个容易心软而且对时下盛行的心理学理论稍有了解的老师，会理所当然地认为，孩子做了那么多的事一定是累了，为此这个老师会打断孩子的活动。为了让孩子透透气，老师一般会带孩子到操场上玩。等孩子们在操场上冲来跑去一阵子后，老师才会把孩子带回教室，此时孩子会比没到操场玩之前更好动，更没有办法专心。孩子会继续从一项活动快速转换到另一项活动，这种“假累”现象会一直持续下去。

在上述情形下，很多老师经常做出错误的结论，认为孩子会对他们自己选择的活动感到满意，这是不对的。因为孩子的选择很明显是随兴所至，玩了一会儿之后，孩子就会开始烦躁起来。老师对此往往感到无可奈何，他们实在已用尽了各种办法——让孩子休息、换一个地方玩——可是没有一项管用，孩子不但无法继续做原来的事，也没能平静下来。

虽然这些老师在非常用功地钻研着教学方法，但是他们缺乏对孩子应有的信心，因此这些老师没有办法尊重孩子的自主权。这些老师当然是尽了全力，他们对每一项教学建议和教学计划都非常留意。只是这些老师总是习惯于干预和指导孩子，结果反而干扰了孩子的自然发展。

如果老师能够尊重孩子的自由，对孩子有信心；如果老师能够把他的所学暂时放置一边；如果老师能谦虚一些，不把他对孩子的指导当成是必要的；如果老师懂得耐心等待，他一定会看到孩子所发生的全新转变。只有孩子找到自己心灵深处尚未被发现的潜能时，孩子焦躁不安的情绪才能得以平息。

但是，如果孩子重新选了一项比之前的活动更为容易的活动，那么这项新的活动必须能够吸引孩子的全部注意力，孩子必须专心地把自己完全投入该活动中，与此同时，孩子还必须完全不受身边事物的影响。

当孩子完成他的重要活动之后，他的脸上将表现出和假累时完全不同的表情。孩子之前的表现是看起来很累，现在他的眼睛则闪闪发亮，看起来很平静。孩子似乎有了新的动力，而且充满了活力。

让孩子遵照自己的需求去行动

我认为：教师要给孩子自由，不要给孩子的身心发展设置各种障碍，应使孩子的个性充分而自由地发展。

有一年的开学之初，米兰的儿童之家来了一个不到三岁的小姑娘，名叫茱莉亚。茱莉亚非常内向、腼腆，很多孩子刚来儿童之家时都争先恐后地抢各种教具或玩具，而茱莉亚却躲在一边，看着那些孩子抢教具或玩具，自己始终不行动。

其他的孩子都开始玩各种教具（他们还不会操作教具，只是无目的地玩）或玩具了，茱莉亚只是在一旁呆呆地看着他们。

女教师玛拉看到茱莉亚很可怜地待在一旁，就拿来一套颜色板放到她面前。可是，茱莉亚看了看玛拉，又看了看其他玩得热火朝天的孩子们，她低下头，揉搓着衣角，依然不敢玩这套颜色板。

“别害怕，来，你来玩这个。”玛拉拉起茱莉亚的手。

玛拉的言行让茱莉亚的行为变得更加不自然，她用力向后缩着自己的手臂，不情愿服从玛拉的要求。

“这个很好玩的，来吧，我教你，这是颜色板。”玛拉拿起一个红色的颜色板给茱莉亚看。

茱莉亚始终不配合玛拉的行动，这次，她将整个身子都开始向后缩。

看到这一幕，我想：茱莉亚内心还没有准备好参加儿童之家的一些活动，这大概和她的性格有关。于是，我走向前，制止了玛拉。然后，我带领茱莉亚来到教具橱柜前，对她说：“这里有很多教具和玩具，这些你都可以玩，你想玩什么就玩什么吧。”然后，我蹲在一旁，没有再说什么，只是微笑地看着她。

茱莉亚一会儿看看我，一会儿看看橱柜里各种教具还有玩具，许久，她不知道该做什么，站在那里不知所措。

我没有催促她，也没有给她任何指导或暗示，我只是微笑着，耐心地等待着她做出自己的选择。

这样大约过了有五分钟之久，茱莉亚最终拿起了一个带有布和纽扣的练习系扣的木框。我看到，茱莉亚做出选择后，她的脸上浮现出了笑容，这是她来儿童之家后第一次脸上出现笑容。

我认为，给孩子自由就是要尊重孩子自己的选择，而不是要求甚至强迫孩子去做什么。

每个孩子都是不同的、是独一无二的，他们的兴趣、优势、潜力各不相同。因此，我们不应强迫孩子去效仿其他人。在儿童之家，我们会发现这里有各种不同兴趣爱好和表现的孩子，对他们的表现，我们都会给予尊重和认可。

例如，有的孩子会对几何图形感兴趣，他会设法从环境中寻找各种几何形状，他会拿着鸡蛋对人说这是椭圆形；有的孩子喜欢植物，他可能会长时间地观察和研究各种各样的植物，可能会摘来很多花瓣、树叶等，并把它们当宝贝一样保存着；有的孩子喜欢各种建筑，他喜欢通过摄影、绘画等方式，将看到的各种建筑拍下来、画下来，还喜欢自己设计、创造一些漂亮的建筑物；有的孩子喜欢研究地球上不同地方的气候，上过有关雨雪的课后，他会对不同地方的降雨量进行研究，对世界上最潮湿和最干燥的地方进行研究；有的孩子热衷于数字及运算，他喜欢不停地数某些事物的数量，喜欢反复地朗诵九九乘法表或进行各种数值的运算。有的孩子对语言和词汇特别敏感，有的孩子喜欢各种昆虫或动物，有的对书写充满热情……

孩子跟孩子是不一样的，他们的喜好、性格、身心状况、言行表现等都不一样。对此，我们要尽可能地尊重孩子，不要求孩子按照某一种模式成长。

一天，我去罗马的儿童之家看望孩子们，正巧赶上他们午休。当我跟随陪同我的教师索菲亚在整个儿童之家转了一圈后，我们来到了花园里。我发现，孩子都在休息室里午休，唯独一个叫罗伯托的男孩没有午休。

听索菲亚说，这个罗伯托精力很旺盛，整天忙忙碌碌不停息，而且，他每天都不午休，总是四处找事情做。

那一天，我发现他坐在花园里，目不转睛地观察着眼前的花草树木，或是在听鸟叫。而在一旁不远处，有一位我并不知道姓名的女教师，她在陪伴着罗伯托。女教师没有打搅罗伯托的行为，也没有要求他去午休，她只是静静地看着罗伯托，似乎在随时候命、准备给予他帮助。

我认为这样做是正确的，只要孩子的行为没有影响到别人，就不要去限制孩子，而应给孩子自由，让孩子自由地去做自己想做的事情。

给孩子自由，让孩子遵照自己的需求去行动，这对孩子的个性发展很重要。每一个大人都要做到，尽量不限制孩子的思想和行为自由，要尊重孩子的个性，给孩子自由成长和发展的空间。

尊重孩子的自由，在自由中寻找规律的存在

我发现，一向活蹦乱跳的孩子背上书包就会显得心事重重，天真烂漫的孩子一进学校就会显得无精打采。这是为什么？只因为孩子们遇到了纪律问题：他们感觉自己好像笼中的小鸟、被穿鼻的小牛、被安上马辔的小马……学生们被囚于教室、定于课桌、囿于书本，孩子渐渐变得胆小怕事，唯唯诺诺……这是我们教育存在的严重问题。如果你是对自己的孩子有信心的开明的父母，你应该懂得：纪律必须通过自由来获得。教育，最大的成就应该是尽可能开发孩子的智力和情

感中的潜能，而不是扼杀孩子的童真。

我发现，如果能够培养孩子良好的纪律性，就能轻松地让所有孩子在同一个房间里进行有益而自觉的活动，他们能够开动脑筋，很好地合作，而没有粗野的举动。只有这样的房间才是一个真正有良好纪律的教室。可是孩子这种纪律性又如何养成的？我认为应以孩子自由为基础，但是这种自由却又与散漫不可等同。奉行旧教育法的人也许不以为然，因为在一间孩子各行其是的教室里执行纪律几乎是不可能的事。大人首先要弄清楚的是，这里说的纪律概念与一般所说的纪律并不完全相同。因为纪律是建立在自由的基础上的，所以纪律对孩子们来说是积极主动的。如果你认为当一个人一声不吭或者一动不动时才是守纪律，那你就大错特错了。此时的孩子只不过是一个失去了个性与自由的人，而不是一个真正守纪律的人。只有当一个人是自己行为的主人时，他才会在需要遵从某些生活准则时，积极主动地去控制自己的行为。此时的人因为有了主动性，所以是一个真正守纪律的人。

这种积极的纪律性当然不易理解，而且很难形成。但是这种纪律性却与旧时代那种绝对的、不容讨论的、高压下的“不许动”的教育截然不同。如果你希望自己的孩子不是一个唯唯诺诺的木头人，你一定不能用严酷的强制的纪律手段来扼杀他的童真。对一个成功的教育者来说，他必须具备引导孩子沿着这条纪律之路前进的技能。在这种教育中，孩子是在通过学习活动来开发智力、培养能力，而不是一动不动地学习静坐；大人一定要清楚幼儿教育的最终目的：它不是为上学做准备，而是为生活做准备，我们之所以教育孩子，是为了让他们获得在社会或集体生活中能够轻松而正确地完成一些简单动作的能力。

老师要想培养孩子的纪律性，就要尊重孩子的个性并给予他们自由，要将孩子安排到他们喜爱的座位上，并保持这种秩序。老师要尽力让孩子感觉到，他们保持良好纪律是一件值得夸奖的事情。一旦孩子有了这种感觉，过一段时间后老师再去仔细观察，就会发现他们已经学会安安静静地坐在自己的座位上了。

这是教育的真正意义，这样做可以让孩子明白遵守纪律和秩序的道理，而不是强迫他们去做，这样做也更利于他们自觉主动地去接受集体。一旦孩子明白了这个道理，他们就不会再随便坐到别人的位置上，也不会再肆无忌惮地吵闹了。

尽管孩子有时看起来行为散漫，做事不讲章法，但是仍然给人充满纪律性的印象。上课的时候，每一个孩子都安安静静、全神贯注地听讲。他们取出或归还教具时，走路和拿放东西的声音很轻。他们离开教室玩耍时，在院子里玩一会儿就回来，从不会忘了时间。他们对老师提出的要求总是充满敬意，迅速执行。

有一位女老师曾告诉我说：“孩子这样听话，也让我对自己所说的每一句话都深思熟虑，我要为自己说的每一句话负责。”老师要求孩子安静地进行练习，在她说完后，孩子就会立即执行。这种对纪律的服从，不仅没有阻止孩子的自由行动，更没有妨碍他们按照自己的喜好所安排的活动。他们各自去取自己需要的教具，并小心地使用它们。如果老师来迟了甚至没有来，只有孩子在教室里时，一切也都会照常进行，这是让前来学校参观的人最惊奇的地方。

孩子十分安静，表现出极好的纪律性。实际上，在老师提出要求之前，孩子就已经表现出服从的倾向。孩子在学习时，教室里非常安静，没有人试图破坏这种气氛。孩子能够做到这一点，原因是什么呢?

可能是这些孩子找到了适合他们发展的轨道吧，就像行星在宇宙中有规律地运行一样。这种自然规律和环境无关，是宇宙规律的一部分。人们应该有这种观念：自然界的规律为一切形式的社会规律提供了基础。实际上，这阐明了自由只能诞生在秩序和纪律的基础上，是最能激起孩子的兴趣，并能为教育理论提供丰富内涵的事情。

有一天，意大利总理的女儿陪同阿根廷共和国的大使来儿童之家参观访问。这位大使要求不要预先通知孩子，她想更确切地证实一下她听到的情况。但是，当他们到了学校时，才发现那天是假日，学校并没有开门。院子中的一些孩子马上走过来接待他们，其中一个孩子向他们解释说："今天虽然是假日，但是没有关系，我们都在这幢大楼里，我现在就去门卫那里取钥匙。"

于是，这些孩子迅速把其他的小伙伴集合起来。他们打开教室的门，自动像平常一样学习起来，并向客人们证实了他们那令人惊讶的自发性行为。

访问者到院子里看望这些孩子，这也让住在公寓大楼里的孩子的家人十分惊讶，这种盛大场面他们以前从没见过。

孩子这种有纪律的自由行为还会延续到他们家里。孩子的母亲经常高兴地向我讲述她们家里所发生的事，告诉我孩子在家里的良好表现。有的母亲悄悄告诉我说：“如果不是因为他们是孩子，他们说的话真的会令我生气呢。他们会对我说：你手真脏，该洗洗了；或者会说：你衣服上都是脏东西，快擦掉吧。听到孩子们说这种话时，我不仅不感到恼火，反而觉得他们真懂事啊，就像在梦里一样。”

如今，孩子在家里也讲秩序和遵守纪律，让这些家庭变得更清洁、有序。孩子会把家里窗台上破碎的瓦罐清理掉；把脏玻璃擦得干干净净，阳光一照闪闪发光；把院子花坛中的天竺葵修剪得整整齐齐。一些妇女经常把漂亮的天竺葵放在教室的窗台和地板上，还做一些好吃的饭菜送来教室，以表达她们对教导她们孩子的老师的感激之情。

正是因为给予了孩子有纪律的自由，才让老师和孩子的关系变得非常融洽。

让孩子成为智力活动的真正主体

教育孩子就必须让他们的身体处于运动的状态，这是使孩子获得自由的关键。

只有怀着某种目的，自由地四处走动的孩子，其内部发育才能不断地完善，他们也一定能自由地发展自己的内在人格。孩子只有在某种与发展其智力有关的目的的支持和引导下进行活动，才能持之以恒地做好事情。反之，他们就无法获得良好的内部发育，也无法获得显著的进步。

如果我们渐渐控制住自己，不再对孩子指指点点；如果我们把孩子从我们成人的影响下解放出来，置于适合他们成长的环境中，他们的智力水平将极大程度地上升，自信心也会增强。于是，他们会主动地进行一些具体的活动，比如，洗洗手和脸、换换外套、打扫房间、掸掉家具上的尘土、铺铺地毯、摆放桌子、种植花草、照看动物，等等。他们会在感官的指导下，自主选择对自身发展有帮助的工作。这类感官的指导也会促使他们区分事物，进行选择和推理，不断完善自我。选定了要进行的工作之后，他们就会坚持不懈地去努力行动。

这一转变既能让孩子的内在不断发展，又能成为他们继续前进的一种强大推动力。在这种环境下，他们会使自己的工作从简单慢慢过渡到复杂，同时，令自己的身心得到陶冶。他们就是通过自己大脑里形成的内部秩序感和获得的技能来培养自身性格的。

我们说让孩子自我发展，是指让他们的智力得到发展，而不是像人们普遍以为的那样把他们交给本能，本能是指人像动物一样具有的那种最原始的能力。这是一种错误的观念，会产生一定的误导性，会让我们在谈论一个自由的孩子的时候，觉得他就像一条汪汪乱叫、又蹦又跳的小狗。因此，人们也习惯性地把孩子的反抗、挣扎和他们为

了让自己摆脱屈辱境遇而使用的保护手段视为本能的表现，并认为他们的这种行为是不对的。

可是，想一想我们对孩子都做了些什么！我们一开始就把他们比作植物或花朵，等到他们稍微长大一些，又想尽办法让他们像植物一样安静，强迫他们成为我们的奴隶，服从我们的命令和摆布。我们这样对待他们，他们怎么可能长成一株像我们所希望的“散发着香气的植物”呢？这样只能让他们不断丧失人类的本性，直到死亡，他们的身上也会明显地表露出本性逐步退化的迹象。

要想对孩子进行智力开发，使他们可以自觉自主地投入智力活动中去，我们就要赋予自由新的含义。

我坚定地认为，解决人类自由问题的关键就是智力。令人感到遗憾的是，近几年来，人们对自由有一种偏见，就是人们只要求解决“思想自由问题”，这个问题把我们的社会弄得十分混乱。有人认为，人类要想获得解放，就必须退回到最原始的自由思想中，这跟如今流行的“给孩子自由”这一理念的误区有相似的地方。但问题是，这样的自由思想能实现吗？这样的“自由”不就意味着大脑神经的退化吗？不就是把社会权利交到那些没有能力执行的人手中吗？

让我们举例来说明。如果让一个没有文化的农民在有利可得的投资和无利可得的投资之间进行自由选择，他将如何进行选择呢？如果他选择的是后一种投资，那他就是“自由”地上当受骗了；如果他选择的是前一种，那也不是因为他拥有自由选择权，只是运气好罢了。

只有当他获得了足够的知识，能把有利可得和无利可得的投资区分开时，才真正称得上自由。也只有在他拥有这种内在力量之后，他才能真正实现自由。简单地依靠外部的社会约束力是不能达到目的的。如果人的自由不过是简单地释放自己的本能，那就很好办。就像如果我们只要颁布一道法令就能让盲人能看到东西，让聋人能听到声音，让这些可怜的人恢复健康一样，那不就解决所有事情了吗？然而，这种事情是不可能发生的。所以也并不是简单释放自己的本能。

我想，总有一天，人们会意识到：自我学习是人的一种最基本的权利。作为一个人，只有实现这一点，才不会受到压制和奴役，才能在所处的环境中自由地选择自身发展的方向。总的来说，只有接受教育，我们才能找到与自己个性相符的解决社会问题的基本方法。

孩子的成长和发育过程已经给了我们生动的启示，那就是，智力是他们成长的关键，是打造他们内心世界的重要工具。

认识到这一点后，智力学就显现出了极大的重要性。当智力水平被视为孩子成才的重要因素、孩子生活的支柱时，人们就不会再不分情况地压抑和禁锢它了。

现在，人们总是过于关注孩子身体的发展，比如牙齿、指甲、头发等。可是我相信，在不久的将来，人们一定能够更加清楚地了解孩子的智力发展，更加慎重地开发孩子的智力。

什么是智力？我们打算先不把智力的定义上升到哲学的高度进行探讨，而是先思考一下促进心智完善的映像、联想和再创造活动的总和，并且把心智跟环境联系起来。根据英国教育学家贝恩的理论，感知差异是智力活动的开始，大脑的第一步发展就是对差异进行辨别。感觉就是感知和发觉外部世界。智力展现的最初活动就是，收集材料，然后把这些材料进行区别。

我们应该对智力进行尽可能精准、清楚的分析。

展现在我们面前的，标志智力发展的第一个特征与时间有关。很多人都认为：反应快是聪明的同义词。对某一刺激马上做出反应、联想广泛、判断迅速，这些就是智力最显著的外在表现。是什么促使人做出这种迅速的反应？它跟人的一系列能力有关，包括从外界接收信息、精心编织意象和把内心思考的答案表达出来等能力。要想促进这些能力的发展，我们可以用一套类似于感觉体操的系统方法进行训练。

具体的操作方法是：收集大量的感觉材料供给孩子的大脑，让大脑对这些感觉材料相互呼应，产生联系。经过一段时间，孩子的大脑就会对这些感觉材料产生快速的判断。对此，心理学家提出建议，应该加强行为过程和联想过程之间的渗透性，使大脑反应的周期缩短一些。通过肌肉运动来促进孩子的智力发展，这就要求其中的动作表现不仅要更加完善，而且要更加迅速敏捷。我们说一个孩子聪颖，不仅是指他能对事物进行理解，而且还要能做出迅速的理解。学习同样的东西，如果一个人要比别人花更多的时间，那他的反应就是比较迟钝的。人们议论那些反应敏捷的孩子时，经常会说“什么都逃不过他的眼睛”。的确，他的注意力总是非常集中，时刻准备着对各种刺激做出反应。就像高度灵敏的天平对轻微的重量变化也会有所反应一样，聪慧敏感的大脑也能对那些具有细微吸引力的东西做出反应。同样，这种孩子的联想能力也十分强。我们赞叹他们这方面的能力时，常常会说“他一眨眼就明白了”。

孩子的主要能力都可以通过感官练习得到激发和加强。我们可以让孩子的感官跟刺激物进行适当的接触，从而让他们对各种各样的事物有个清晰的感知与认识；我们可以让他们敏锐地感觉到冷与热、粗糙与光滑、重与轻、声音与噪声的差异；我们可以让他们闭上双眼，静静地感受自然万物传递给他们的讯息……

不要熄灭孩子这根蜡烛

孩子最让人感到不可思议的地方，就是他们异常敏锐的观察力。成人想象不到的事物，孩子可以想象到；成人观察不到的事物，孩子都能观察得到。

通过模仿成人的行为，孩子进行着最早的练习。

我就曾看到这样一幅画面：

在饭厅里，一个成人抱着一个几个月大的婴儿。婴儿看到一幅画，上面画着许多的水果。婴儿一边看着画，一边做出假装吃东西的样子。这个婴儿当时还处于吃奶的阶段，但他看到过大人们吃水果的样子，于是便模仿起来。抱着婴儿的成人看婴儿模仿得那么开心，就抱着他站在画前，直到婴儿兴趣索然才离开。

这个成人是一位真正的教育家，他无意中对孩子做出的配合动作顺应了孩子的天性，满足了孩子塑造自我能力的需求。

的确，孩子天生具备学习和模仿的能力。比如，一个小孩看见大厅里的芭蕾舞雕像后就立刻跳起舞来，因为他曾经看过别人跳舞的样子，所以他知道雕像的姿势就是跳舞的动作。正是这种自发模仿学习的行为，让孩子的能力得以提高，其智力得到开发。

明白了这些，成人就一定要学会敏锐地观察孩子的需求，及时地给予孩子帮助，让孩子参与到我们的生活中来。

然而，遗憾的是，很多父母乃至教育者都认为，孩子就像软蜡一样可以任意拿捏，成人可以根据自己的意志塑造他们，让他们按照自己的计划发展、成长。这样的观点在某种程度上来说虽然有一定的道理，但其致命的错误在于孩子并不是软蜡，他们有自己内在的发展需求，这些需求必须依靠他们自己来塑造，任何强制介入都会给孩子的内心带来永久的创伤。从某种意义上说，即使把成人的这种干扰行为称为犯罪也不为过。

在现实生活中，我们经常可以看到一些被父母刻意捏出来的“小大人”。父母的这种做法应该被禁止，孩子必须依照自己的天性去发展，拔苗助长式的教育带给孩子的伤害是致命的。不仅如此，更严重的是，父母这样做还会不断破坏孩子好不容易塑造起来的自信心。

虽然孩子会趁父母不注意之际，对被父母破坏的自信心进行重建，可是父母又会再一次地将之破坏。这样孩子和父母之间的冲突会加剧，一直僵持到孩子完全投降为止。

从此之后，孩子会变得畏畏缩缩，变得完全服从于父母，没有了自己的思想、个性和灵魂。他们甘心做父母的木偶，变得麻木，懒得发表自己的意见，更不想动手去做本来自己想做的事情。对他们而言，一切都变得无聊透顶，世界上再也没有什么有趣的事了。

这样的悲剧，在世界的各个角落不断上演着。孩子希望被拯救，做父母的却依旧执迷不悟。

孩子的天性就像一支燃烧的蜡烛，一不小心就有可能被成人熄灭。即使孩子的天性不小心熄灭了，如果成人能顺应他们的天性，为他们提供好的环境和条件，熄灭后正冒烟的“蜡烛”也能复燃。而成人如果执迷不悟，将“蜡烛”狠狠熄灭，那么孩子的天性就永无燃烧的可能，孩子的潜力就要永远被埋葬了！

所以，作为父母，我们一定要认识到，孩子的成长必须依靠他们自己。父母要像呵护风中的蜡烛一样呵护孩子的天性，而不能成为孩子发展道路上的障碍。

蹲下身子和你的孩子说话

我发现，孩子踏上独立之路时，他们的人格特征也在各种教育中有所提升。在许多成人看来，成长中的孩子似乎毫无保留地将一切都展现在人们的面前。他们没有隐私，他们的一切行动如小动物一般不假思索，孩子的一些表现增加了成人的优越感。事实却证明我们错了，任何生命都不是静止的，孩子的心灵也不是静止的，而是在不断地获取。想让孩子获得自由、力量和完善自我的能力，就必须让他们拥有健全的人格。

有时候，我们总因为孩子的年龄小，依赖性强，就对他们实施一厢情愿的教育。我们很少把孩子看成是一个独立的、有尊严的个体。就拿语言为例，在平时的说话中，我们很可能在说话方式上并不尊重孩子，我们往往会粗暴地打断他们的话；当他们缠着我们问这问那时，我们的回答也不够有耐心，甚至会说出“不要有这么多问题”“大人说话小孩子就要听”之类的话；或者即使我们没有说过这些话，但在说话时的语气和姿势中也体现出这一点。言语表情可以反映出说话者的情绪和态度。喜、怒、忧、思、悲、恐、惊七情，均可从语气中流露出来。不要认为孩子什么都不懂，其实他们可以从大人的表情中读出爱、宠以及厌烦。再小的孩子也有个性的显现，这种显现是人类天性的一部分，大部分由遗传决定。如果孩子稍有过失，大人就大声呵斥，语气生硬、冷漠的话，在这种氛围中，孩子会变得胆小懦弱，或抗逆悖理，从而易形成不良的性格特征。

大人不要以为只是亲切地跟孩子说话，时时抱抱孩子、爱抚孩子，就是尊重孩子的人格。从另一方面来说，也有很多父母无意中忽略了对孩子独立人格的尊重，他们完全用自己的思维方式和想法代替孩子的思维方式与想法。这种做法难以使孩子养成独立思考的习惯，孩子独立解决实际问题的能力也难以提高。“授人以鱼不如授人以渔”，这个道理人人都懂，但是真正实践起来，却常常叫人力不从心。很多时候，大人会因为孩子做事不规范而代替他做；或者因为孩子问题太多而阻止他提问；或者因为孩子想法太天真而嘲笑他们……这些都会阻碍孩子的人格发展。

外界环境对孩子人格的发展也极为重要。只要大人细心观察，就会发现当孩子做各式各样的手工时，他们懂得整合自己的动作，而且会发展出个人行动的独立性及适应环境的行为的原创性。这些其实都是孩子人格的一部分。只有在孩子了解自己心理发展的实际需求时，他的选择才谈得上是真正的自由选择。如果孩子同时受多种外界事物的吸引，并且每种事物都激起了他的兴趣，他摆弄这个物件之后又去摆弄那个物件，本身的意识起不到支配作用，就根本谈不上人格的自由选择了。

如果大人想让孩子懂得尊重他人，自己首先要尊重孩子，孩子获得尊重之后，才能更好地尊重他人。其实，这就意味着大人要将自己的孩子看成一个像成年人一样能够独自做出决定的个体。当然，这并不等于对他们完全放任不管，也并不意味着他们就能够做所有成人能做的事情。但是，尊重孩子的第一步，就是要理解和支持他们的想法和决定。很多时候，孩子的想法并不一定正确，这就要大人在给予支持、鼓励的情况下对其进行适当的教育。

作为父母，请扪心自问：我们对孩子的爱真是那么博大而又无私吗？我们也许为孩子默默地做了很多，我们也许为孩子付出和牺牲了很多，我们很伟大而又不求回报！就付出和回报来说，我们确实是无私的，然而，我们敢说我们对孩子没有占有欲和支配欲吗？我们敢说我们给予了自己深爱的孩子完整的人格和尊重吗？很多时候，我们都以一句“小孩子不要管大人的事”来搪塞孩子。其实，如果是合格的父母，就应该把你的孩子视为大人，哪怕他们还不到六岁。我们很容易发自内心地尊重科学家、政治家、艺术家等专家、名人，对于比我们年轻得多的孩子，我们常常觉得他们如小动物一般可爱，我们会去爱他们，会去照顾他们，却往往忽略了对他们的尊重。其实，只有当孩子感受到我们对他的尊重时，才能真正得到满足。孩子所看到的东西颇为局限，判断力也不强，他们的直观感觉往往来自于大人对他们的态度，如果大人对孩子的态度简单粗暴，会让他们在对待其他人的时候，采取同样的态度。

在传统教育中，成人对待孩子的态度是说教的、灌输的和干预的。大人打着爱护孩子、帮助孩子、教育孩子的幌子，认为孩子是无知无能的，必须由自己对孩子进行教导，让孩子达到智力和能力水平的提高。大人常常用成人的角度去评价孩子，其实这正是一种轻视孩子能力、否定孩子能力的表现，这会导致成人把自己的思想、观念和行为方式强加给孩子，并用成人的标准去要求孩子。相应地，这种以成人为中心的教育观使孩子的正常发展被压抑和歪曲，这妨碍了孩子内在生命的发展和内在生命力的展现。所以，成人对待孩子的这种错误的态度导致了许多三岁左右的孩子无法进行正常的表达，他们都脱离了自己正常的发展轨道，从而导致许多孩子的天赋与能力都不能得到充分展现。

当孩子有了过错，大人应该主动蹲下身子，和他面对面，眼睛平视，善意、讲究策略地教育，严厉而不失温和地引导、帮助。伴随着大人言语中流露的情感，孩子的心会被打动，因过失而引起的紧张不安和恐慌也会被驱散，他们会自动生发出改正错误的内在动力。当孩子取得了不管多么微小的成功，大人都要给予真诚的赞美。

孩子的性格，由孩子自己塑造

成年人并不能像教授孩子知识一样训练孩子的性格，成年人所能做的就是科学地对孩子进行教育，让孩子能够不受阻碍、有效地独自完成性格的塑造。

为了塑造孩子的性格，成人不能强制干预孩子。孩子做事毫无章法是因为曾经有人强制他们有规律地做事，孩子懒惰是因为他们曾被强制地做这做那，孩子们不听话是因为以前曾有人强迫他们要听话。

只有孩子拥有完善的性格和个性，他们才能顺利地进行学习，掌握知识。然而，大部分孩子的性格都是不完善的，他们难以专注地去做事情。如果他们根本没有形成专注做事的习惯，要求他们专注地做事情不是虚妄吗？这就像要求一个没有腿的残疾人正常行走一样。孩子只能通过实践来完善自己的性格和个性，从而获得专注力，仅靠命令是起不到任何作用的。

那么，我们应该如何去做呢？人们经常会说："培养孩子要有耐心。我们要按照我们已有的经验和想法去改造他们，给他们树立好榜样。"我们总是觉得时间和耐心能够解决一切，然而事实上，时间和耐心是远远不够的，我们必须重视孩子最具创造性的年龄阶段。

人的性格形成于创造性阶段，如果在这一阶段没有形成完善的性格，那就再也弥补不过来了，即使再多的说教都不会起作用。在这一阶段，我们必须设法激发孩子的热情，采取各种方式让孩子做出积极反应。

让一个人的性格更完善，只有一个途径——融入社会生活。在普通学校，只有玩耍和外出游玩才能算得上是真正的社会生活；而在我们的儿童之家学校，孩子们总是在一个比较有活力的集体中过着真正的生活。我们学校的每个班级都有很多孩子，他们性格各异，这样孩子就能通过接触不同性格的伙伴来积累更多的经验，而人数太少的班级无法做到这一点。

我们会为孩子提供各种各样的物品让孩子自行选择，然后留下那些经常被孩子选中的物品，拿走被孩子放弃的物品。我们为孩子提供的物品，不仅仅是来自一所或几所学校学生试用过的东西，而是收集了在世界各地很多所学校的孩子试用后颇受他们欢迎的东西。

在准备这些物品时，每类物品我们只提供一个。如果某一个物品正在被使用，那么其他也想用这个物品的孩子就要耐心等待，这样就能培养孩子的耐性。因为每种物品只有一个，所以只有别人不用的时候孩子才能使用它。他们每天都面对着这样的情况，因此，像其他人一样等待机会的来临就成了他们的生活习惯。这样一来，他们就更加迅速地成熟起来，这样的孩子也就能够更容易适应社会。

社会不可能按照某人的意志而运转，它是多种行为复杂交织而和谐运行的整体。通过我们的这些行为，孩子养成了一种优秀的品格——耐心。有了耐心，孩子的其他性格也就慢慢自然形成了。单凭教育是无法达到这种结果的，而是要凭借孩子在生活中形成的经验，因为其他外在的因素无法对孩子的正常发展产生决定性作用。

孩子经常会和他人抢夺自己想要的物品，然而在我们学校，却几乎没有这一现象，孩子们都耐心等待别人用完那些物品后自己再去用。

很多人对此感到惊讶，想要知道我们究竟是怎样教育孩子的。事实上，这并不是教育的结果，而是因为我们为他们营造了一个良好的自由的环境。在这个环境中，孩子还没有形成的品格会逐渐显现出来。

假设在很多孩子排队往前走时，有一个孩子从队伍中跑出来往回走，这必然会造成矛盾。这时成人会立即把那个离队的孩子强行带回队伍中。每个处于发展阶段的孩子都会遇到此类问题，然而孩子会有能力照顾自己，也许他的做法只是与他人采用的方式不同罢了，但是这些方式也能满足他们的需求。孩子在自我选择中享受了巨大的乐趣，如果遇到成年人的阻挠，他们就会感到很失望；而如果成人能够为他们提供自由选择的空间，他们就会展现出自己的行为特点和性格，这也是孩子获取社会经验的途径之一。

丰富的社会经验能够帮助孩子在遇到问题时找到正确的处理方法。这些经验是教师无法教给孩子的，但是教师却总是自以为是地去干预孩子。孩子的想法与教师截然不同时，教师的干预是和孩子的意愿冲突的，并且会破坏了孩子处理问题的整体的和谐性。

第三章 不健康的心理，阻碍良好性格的养成

探索孩子说谎背后的真相

孩子最严重的缺点之一就是说谎，在有些孩子身上，各种各样的说谎行为层出不穷。事实上，说谎是一种欺骗行为，除了那些善意的谎言外，其余都是病态的，这些谎言会对孩子的成长产生非常不好的影响。

人们一向认为孩子有着纯洁的心灵，他们就是纯洁的代表，而当人们发现，曾被认为是纯洁的东西，也露出了虚假的一面，心里自然会十分失望和震惊。

一个三岁的女孩去朋友格利兹家玩，回家时手里多了一只玩具狗。她妈妈看见后就问她玩具狗是从哪里来的，她回答说是格利兹送给她的。然而，第二天，格利兹的妈妈就对小女孩的妈妈说，小格利兹正在到处寻找一只玩具狗，并问小女孩的妈妈是否看到了。女孩妈妈立即就让女孩把玩具狗拿出来，送还给格利兹。事后，女孩的妈妈非常生气地责问她："你为什么撒谎？"

孩子为什么要说谎？回答这个问题其实并不容易。事实上，孩子说谎的原因是多种多样的，其中最重要的一条原因就是为了逃避惩罚，也就是出于一种自我保护的心理。心理学家分析表明：为了避免惩罚而说谎是大多数孩子都会有的情况。

然而，父母只知道在发现孩子撒谎后去批评孩子，却忘了挖掘这种谎言背后的原因——它们只是孩子面对成人巨大攻势下所做的自我保护。就像人们观察一棵枝繁叶茂的树，往往只看到了朝四面八方伸出的枝叶，却忽视了深埋在地下的根。而根就好比说谎的深层原因，我们只有在那里才能找到孩子说谎的秘密。

从这个意义上说，说谎也具有价值，说谎似乎是人出于生存与适应社会所拥有的自然能力。大多数心理学的研究表明，父母惩罚得越重，孩子越可能说谎。因此，父母对孩子的严厉惩罚更可能造成孩子的说谎和欺骗行为。

无论如何，对孩子而言这种隐瞒真相的欺骗行为，大多是一种偏离正轨的恶性行为，父母应该对此加以重视。

当然，有些孩子还可能说一些跟自我防御无关的谎言。这样的谎言可能源于孩子企图描述某种他们幻想的东西，尽管这种详细描述并不是为了个人利益，或并不是为说谎而说谎。就像一个演员能使自己深入角色当中去一样，孩子的这种说谎行为采取了类似于艺术加工的形式。

例如：有一个孩子在学校告诉我，他的母亲会给她邀请的客人做调制的蔬菜汁，这种饮料不仅有益健康，而且美味可口，客人说自己以前从未尝过如此好喝的东西。后来我请教这个孩子的母亲究竟是如何制作这种饮料的。但遗憾的是，她跟我说她从来没有做过这类东西。

这就是孩子在谎言中表现出丰富的想象力和创造性的实例，孩子除了编造故事之外没有任何其他意图。这些谎言不同于其他。

然而，有时候一个谎言也可能是巧妙推理的产物：

一个五岁的小男孩，由于他妈妈太忙便临时把他送到一所寄宿学校。负责照顾这个孩子的保育员是个工作非常认真的人，她对这个新来的孩子非常关心。但是在这所学校待了一段时间后，这个小男孩开始向他妈妈抱怨这位保育员，说她太严厉了。妈妈在了解情况后却发现这位保育员对她儿子是很慈爱的。这位妈妈问他儿子为何要说谎，他回答说："因为我不能说校长是坏的。"事实上，因为这个孩子只是个临时生，校长对这个孩子非常严厉。这个孩子并不缺少指责这位校长的勇气，但孩子却最终屈服于校长的强大而说了谎。

像这样，孩子为适应环境而说谎的事例比比皆是、不胜枚举。

那些个性软弱的孩子，遇到问题就容易退缩，往往由于一时的冲动而说谎，他们的谎言只是面对危险的防御性反射，谎言的内容没有经过仔细推敲，他们也没有考虑后果。由于这些谎言未加修饰，临时编造，一眼就能被看透。老师面对这些显而易见的谎言往往大发雷霆，反而忽略了它们的本质——它们是对成人攻击的防御。编造这种谎言的孩子往往会因为"不按孩子应有的方式做事"而受到指责。

然而有人认为，说谎这种欺骗性行为，是孩子的一种智能现象，它随着孩子的成熟而变得条理化。在人类社会中，它就像遮羞的衣服一样，能让人显得高尚和美丽。

说谎这种行为不会奇迹般地自行消失，需要人们付出极大的努力去克服。清晰的思想、深入现实生活、精神上的自由、推崇美好的人和事，这一切都为改造孩子的不健全心灵提供了良好的环境。

然而，我们所生活的社会充斥着庸俗和虚伪，如果纠正它们，反而会使我们陷入混乱。令人悲哀的是，当很多孩子离开儿童之家，进入高一级的学校学习时，往往被认为是对人不尊重和不顺从的人。

之所以会这样，是因为儿童之家的孩子比其他孩子更加真诚，他们还没有学会去适应充满虚假的社会。可他们的老师不仅不承认他们的真诚，反而将这种真诚当作会影响其他人的破坏性因素。

隐瞒或者隐藏自己的真实感情，是人为构建的一个谎言。只有这样，他才能在社会中生存——更确切地说，才能在一个和他的自然情感相冲突的世界中生存。

最显著的例子就是：成人虚伪地对待孩子。有时成人会为了自己的私欲而牺牲孩子的需求，但却又极力否认这一事实，因为这是让他们难堪的。他们让自己相信，自己这样做是履行天赋的权利，是在为孩子的未来而努力。当孩子要保护他们的权利或维护自己的需求时，成人并不关心孩子是怎么想的，只一味地认为孩子不顺从，认为孩子的行为只是其罪恶倾向的表现。

在成人的世界，真实与正义之声不断衰弱，正被一种虚假的理念所代替。也就是说，他们只会根据自己的权益和责任谨慎行事，“无利不起早”。他们的心冷若冰霜，所有美好的东西，都被这种虚假击碎了。

爱与恨是两种紧密相连的心态，就像水的液态与固态一样。隐瞒一个人的真实情感是精神层面上的谎言，这种谎言虽然可以帮人适应已经系统化的不正常社会，但是慢慢地它也会将人心中的爱转变为恨。因此，隐藏真实的情感这种行为是深深潜伏在人类潜意识中的最可怕的谎言。

大人不要成为孩子自卑心理的助推器

孩子似乎向来处于弱势。举例来说，当一个孩子端了一杯水，成人就可能会担心孩子将杯子摔碎。当成人有这种想法的时候，杯子就成了他们眼中随时都可能摔碎的宝贝，结果成人就迅速从孩子手中把杯子拿过来。虽然这位成人很可能一向很重视对孩子的教育，很想把孩子培养成大人物，但是他那个行为很可能在不经意间击碎了孩子的自信心。虽然这位成人不是刻意这么做的，但他只是把这个弱小的孩子当成自己的私有财产，想当然地对待他，全然不顾孩子的心理感受。

再比如，当一个孩子在玩游戏时，父亲走上前打断他，粗暴地安排他去散步。之后，孩子被打扮一番，不情不愿就被带出去了。或者，孩子正在自得其乐地玩一个游戏，这时他妈妈的一位朋友前来拜访，妈妈就要求这个孩子立即停止游戏，去接见客人。

在日常生活中，成人总是不断地打断孩子，或突然闯入孩子的世界，让孩子完全失去自己的空间。强大的成人从来不与孩子商量，就决定着孩子的生活。

与孩子相处时，成人总会在自己不知情的情况下羞辱孩子，让他们感觉自己软弱无能，这在无形中压制了孩子行动的意愿。成人不仅会干预孩子的自由活动，还总是不耐烦地说：“你不能做那件事，也不要去尝试，这对你毫无意义！”如果这个成人性格粗暴，他甚至会说：“你这个傻瓜！你在做什么！你难道不知道不能这么做吗？”成人这样做，不仅阻碍了孩子所做的事情，而且破坏了孩子做事的连续性。

一次次的挫败感是阻碍孩子发展的罪魁祸首，最终让孩子变得不自信。丧失自信的孩子认为自己能力不足，甚至认为自己一无是处。

最重要的是，成人强势的行为不断打击着孩子，让他们觉得自己的所作所为不仅没有价值，而且自己还是个什么也决定不了的无用之人。这种观念会让孩子产生沮丧的心理，丧失信心，从而陷入恐惧的情绪中。

发生这种情况，孩子就会形成一种内在的精神障碍——自卑感。

一旦孩子产生了自卑感，他的生活就会充满冲突，而面对冲突，胆怯、退缩则会与孩子形影不离。胆怯会让孩子在做决定时迟疑不定，让孩子在面对困难与批评时产生退缩、流泪、绝望的表现。

与之相反的，没有自卑感的孩子最典型的特点就是充满自信，他们能掌控自己的行为，做自己喜欢做的事。

在圣洛伦佐的儿童之家，参观者由于没有看到指挥孩子做事的老师，显得有些失望。一个男孩告诉参观者，虽然老师放假在家休息，但是孩子们可以随时进入教室，做自己想做的事。

这样，每个孩子都非常了解自己及自己的能力。比如这个男孩知道他正在做什么事，明白这件事要怎么安排。最重要的是，在做这件事情时，这个男孩子一点也没有觉得自己做了特别的事情，所有的一切看起来都那么自然。孩子的这种自由状态体现出其人格的平衡。

在这所儿童之家，还有一个小男孩正在玩拼词游戏。当时意大利王后站在他面前，要求他停下手头的事，为她拼写“意大利万岁”。当这个孩子听到王后的要求时，他正要把刚刚拼写的字母复原。出于对王后的尊重，我们希望他暂停一下，马上执行王后的命令。但是他一点也不受干扰，还是在安静还原字母。在拼写新词前，这个孩子习惯把已经使用过的字母归位，他无法放弃他习惯性的工作方式。

等他做完他正在做的事情后，他才按王后的要求拼出了“意大利万岁”这个句子。尽管这个小家伙只有四岁大，但他的自控能力已经相当稳定，并且他对自己很有自信。

一个人自卑的最大根源是他自己没能力做好某事。打个比方，如果让一个残疾人必须跟一个完全健康的人赛跑，那么，残疾人的心里一定不会希望进行这场比赛。一个普通人也不会愿意跟职业拳击手对决。因为在比赛之前，他的心里已经产生了一种不能获胜的感觉，导致他丧失了勇气和自信心。

成人对孩子不断地轻视，也会对孩子产生相同的效果。孩子会感到自己软弱，觉得自己没有能力做好某些事情，从而压抑了自己行动的欲望。

“你不能做那件事，对你而言，尝试做那件事毫无意义。”“你这个傻瓜，你在做什么呢？你难道不知道你不能做那件事吗？”这样的语言不仅会阻碍孩子的工作，打断孩子行为的连续性，同时还是对孩子的一种侮辱。

如果我们的孩子总是没有勇气去做某事，那么作为父母，就应该在自己身上检讨了，也许正是因为父母不经意的话影响了孩子。父母自以为对孩子好的行为，很可能已经破坏了孩子自我成长的内部规律，催动了孩子内心自卑感的萌发，进而让孩子觉得自己是笨拙和无能的，慢慢孩子心里的这种自卑感越来越重。这种成长中的障碍会深深影响孩子的心理健康，让他总觉得自己无能或者比别人差。

此外，自卑感还会导致更多痛苦，如胆怯、迟疑不定、面临困难退缩、经常流泪、绝望，等等。

既然如此，作为父母如何避免让孩子产生自卑感呢？那就是多给予孩子肯定和鼓励，让孩子感觉自己就是自己行为的主人。

这样，孩子的心中就会没有自卑感，孩子便会敢于尝试一切力所能及的活动，并且能够每天都充满激情地去做手中的工作，发展自己虽然稚嫩却生机勃勃的心智。一个心理健康的孩子最显著的特征之一，就是对自己的行为有把握，并充满自信。即使父母和老师不在身边，他们也一样能够忙于自己手中的工作，让自己内在的完美个性得以充分表现。

消除孩子内心深处的恐惧感

在我们身边，有这样一些孩子：他们可能非常害怕独自穿过马路，或者担心自己的小床下藏有怪物，也有一些孩子一看到毛茸茸的小鸡就吓得乱叫。孩子们这些恐慌的表现，非常类似于心理学家发现的病态恐惧症状。

在对成人特别依赖的孩子身上很容易发现这种症状。即使这些孩子长大一些，他们也经常会莫名其妙地感到恐惧，而他们恐惧的原因大都可以在其早期的成长中找到。比如，为了让孩子听自己的话，他们的父母常常利用孩子对世界的无知，用鬼怪故事来吓唬他们。可以说，这是父母在教育孩子时采用的最糟糕的一种方式，因为采用这种

方式的父母利用了那些看不见又无处不在的恐惧，让孩子内心深处对黑暗与不存在事物的恐惧变得更加严重。

恐惧心理对于孩子来说太常见了，这是孩子成长过程中非常自然的现象。要了解孩子恐惧的原因也非常容易。

当孩子对某一事情或东西的认识还没有发展到一定程度时，孩子就不明白它们为什么会出现在自己的生活里，也理解不了生活中为什么会有一些他们认为恐惧的事情发生，不知道这一切会不会给自己带来伤害。正是这种情况让孩子产生恐惧心理。这时候孩子内心的恐惧一般都比较轻微，而且带有那个年龄段的无知的特点，很多恐惧也会随着孩子年龄的增长和认知的发展而逐渐消失。

在一个西班牙人的家庭里，有四个女儿，其中最小的女儿胆子很大。每当夜晚暴风雨来临的时候，她是几个女孩中唯一不害怕的人。她会带着姐姐们到父母的房间里。她是被这种“恐惧”所折磨的姐姐们的坚强支柱。每当姐姐们在夜晚感到害怕时，就会聚集到妹妹身边以寻求安全感。

事实上，孩子们常常给自己设置一些危险。比如说，农村的孩子会爬到树上或从陡坡上冲下来，淘气的孩子会跳进海里或河里自学游泳。

当然，还有一些孩子将勇敢的行为表现在拯救他们的同伴中。

有一次，加利福尼亚一家孩子医院的盲童病房着火了，在这些孩子中，有一些孩子是多少能看见点儿东西的。虽然他们当时在大楼的另一边，但他们还是冲进大火中去救助其他盲童。

许多孩子通过锻炼，变得大胆而又谨慎，能够尽量战胜或避开各种危险。比如，孩子学会用火柴点火，用厨房的刀切东西，还学会了独自穿越马路。在生活中，孩子已经学会了如何通过克服恐惧和焦躁的心理来控制自己的行为，从而过上一种更美好、更平静的生活，这就是现实教给孩子的生存技能。

当孩子意志薄弱时，告诉他要坚强

这里要说的意志是指一个人有目标、有意志地去支配自己行为的心理过程。意志就是一种力量，一种不屈不挠的决断力，一种雷厉风行地坚决完成工作的约束力，一种不因障碍和困难而气馁的精神。

在谈到对孩子意志力的培养时，就要讲维托里奥 · 阿尔费里的例子。这位意大利文学家靠他的天赋，着手学习拉丁语，他在当时就成为轰动世界的名人，最终成为最有成就的诗人之一。他晚年自学时，用极大的毅力克服了学习基础阶段的单调乏味。这种毅力正是意志力的体现。而关于他的意志力和转变，正体现在他的名言之中："我坚持，不断地坚持，全力以赴地坚持。"

维托里奥 · 阿尔费里曾经深爱一个任性的社交界贵妇人，但对方只将他视为玩物。突然有一天，他感觉自己不能再继续做感情的奴隶，觉得自己应该成为一个伟大人物，他迫切地想提高自己。但是那位贵妇人的诱惑力总是战胜了他的意志力。她一份洋溢着香气的短柬就可以把他拉回戏院的包厢里，和她醉生梦死一个晚上。这样的生活让阿尔费里万分痛苦和自责，他决定在他们之间设立一道不可逾越的障碍。为了表明自己的决心，他剪掉了代表高贵出身的装饰发辫，并且用绳子把自己捆在椅子上，用这样的方法迫使自己待在家里看书。在最初的一些日子里，对那位妇人的思念让他无比痛苦。但他为自己设置了障碍，身体又无法动弹，头上又没有了发辫，他只好静静地待在屋里。正是因为“坚持，不断地坚持，全力以赴地坚持”，他克服了枯燥与不安，将自己从毁灭堕落的深渊中拯救出来，成了一个名垂千古的伟大人物。

孩子毕竟是孩子，他们难以有坚强的意志，甚至他们根本没有自己的主见。孩子往往容易被外在的事物所吸引和诱惑，所以训练孩子的意志力这一任务，虽艰巨却又重要。维托里奥·阿尔费里之所以取得了成功，在于他坚强的意志力，但对孩子们来说，是不可能做到他那种程度的。因此，对孩子来讲，培养孩子健全的个性，是培养其坚强意志力的基础，是让人在困苦中品出快乐，在失利时取得成功，在平凡里创造辉煌的秘诀。

如果你的孩子总是说“别人说”，那么只能说明他意志薄弱。这表明他一直处于消极被动的学习状态，而“我说”才能有利于促进他们意志力的提升，才能表明他们处于积极主动的学习状态。我们可以看到，那些著名的科学家、发明家之所以能够为人类文明做出贡献，主要在于他们的创造性，因为他们大多敢于否定前人的权威性结论，这其实就是追求个性、勇于支配自己行为的体现。

对于现在的孩子，无论是孩子还是青少年，常常有这样的观念："大人讲的就是对的"，"书本上讲的就是对的"，这种想法极大地束缚了他们个性的发展。在家庭教育中，父母应当鼓励孩子用审视的眼光来看待一切，对事物大胆地怀疑，甚至当发现前人有什么谬误时，也要敢于向权威挑战。父母不应该给孩子制订计划，更不应该要求孩子刻板地按照计划长时间地做单调而重复的活动，更不能剥夺孩子的自主权利，否则就会束缚孩子的手脚，致使孩子成为一个意志薄弱的人。因为一个无法支配自己行动的人，就是意志薄弱的人。

海伦是一家夏令营的辅导员助手，她负责照顾年幼的夏令营成员。而海伦的妈妈一向相信海伦的自理能力和她出色的社交能力，因此，妈妈对于她暑假都在夏令营生活很放心。可是有一天，妈妈忽然接到海伦的电话："妈妈，我们原来的辅导员走了，新来的辅导员莉莎小姐脾气很坏，对我们这些工作人员很苛刻。"妈妈很意外海伦也会遇到这样的事情，连忙问是什么原因。原来，由于海伦有天早晨没能在规定的时间内将队员召集到餐厅，莉莎小姐竟当着全体队员的面，将她狠狠训斥了一番，让她在其他队员面前抬不起头。听到这些话，妈妈当然为女儿难过而且打抱不平："你是义务去帮助他们的，她却这样对待你，太不应该了！我马上给你们的营长打电话，叫他同你的辅导员谈谈，或者你干脆辞了工作回家，在家里好好度过这个假期，放松一下。”

妈妈这样做对吗？当然不对！诚然，妈妈心疼女儿不无道理，但这样做却不利于对女儿意志力的培养。海伦遇到了挫折，这正是让她自己迎难而上、找出解决办法的时候。此时，妈妈却挡在了她的面前，劝说她在困难面前放弃，这样做只会让海伦丧失独立性，无法支配自己的行为。更糟糕的是，一旦养成遇到困难就放弃的习惯，海伦将会成为一个缺乏意志力的小可怜虫。

我经常强调孩子意志力的训练和培养。我曾研究过达尔文的进化论、孟德尔提出的遗传的染色体学说，觉得控制人类行为是人类的本能，孩子在来自先天的、自发的能动性的作用下，具有很强的、继续发展的积极力量。我认为，在孩子的心灵中有一种难以捉摸的东西，它只能在发展的过程中显现出来。因此，要用发展的观点来看待孩子，孩子和成人有本质的区别。童年是一个完整的个体，而孩子的个性和意志，是这个个体中的重要组成部分。

那些缺乏意志力的人，不能说这与他从小的家庭教育无关。意大利诗人但丁曾说过：“白松的种子，落在英国的石缝里，它只会长成一棵矮小的树；要是将它种在南方肥沃的土地里，它就能长成参天大树。”其实每个人的成长过程都是一个逐步认识自我、确定自我的过程，但并不是每个人都能够自由地认识自我和接触自我，也并不是每个教育者（包括家长和教师）都能认识到自由的重要性，即使他们认识到这一点，也未必能够放手让孩子自由支配自我。要知道，人生也是一个自我创造的过程，而孩子期正是这个创造过程的起始期。人生不像草木，人是有能动性的，人生从某种意义上来说是一个创造的过程，所以，教育者一定要采取积极的态度和行动，让孩子按照他们自己希望的那样来塑造自我。爱因斯坦曾说过："钢铁般的意志比智慧和博学更重要。"叔本华也认为："意志是人类的本质、核心和根源，智慧则只列居次要地位。"这都说明了训练孩子意志力的重要性。

意志平时就体现在人们的行动之中，有些时候，意志表现为一种动机，即人们无论采取怎样的行动，都是有其目的的，都在被某个动机左右着。另外，意志也可以对人的某些行为加以控制，比如前面提到的维托里奥·阿尔费里的故事，再比如意志可以抑制我们因愤怒而产生的冲动，阻止我们因个人的欲望而去抢夺别人的东西的冲动等。意志可以对行为加以引导，假如不付诸行动，就不会有意志的表现。所以，我们要教育孩子的是：一旦你决定了某件事，你应该坚持不懈地做下去。如果没有任何行动，只是在心里做出所谓的决定，你就没有完成意志的活动，而只是处于想象之中。事实上，意志有多强大，行动力就有多强大，所有的行动都是冲动和抑制两种力量均衡的结果。这两种力量的均衡，就是意志的体现。

孩子不能永远躲在大人背后寻求庇护

在现实生活中，我们经常可以看到这样一些孩子，他们很爱缠着成人。成人走到哪里他们就跟到哪里，寸步不离。

表面上看来，这是孩子和父母亲近的举动，其实不然，孩子的这种行为恰恰是他们依附心理的病态表现。我们可以想一想：如果孩子从小就依附别人，从小就缺乏独立能力，那么他长大以后会成为什么样子呢？

不可否认，依附心理是许多孩子身上都具有的缺陷，这类孩子的性格大多胆怯懦弱，他们习惯躲在成人的背后寻求庇护。他们害怕一个人独处，不相信自己能够独自做好一件事情，所有的事都要依靠成人帮助他们完成。长此以往，等他们上了小学，他们的课堂作业也可能需要大人帮忙完成。毫无疑问，过于依赖他人的心理对孩子的成长产生了极坏的影响。

这类孩子往往以弱者的姿态出现，仿佛自己正在遭受痛苦、深受迫害。他们几乎对所有的事物都心怀不满，对任何事情都显得无精打采、心不在焉，他们喜欢抱怨，喜欢哀求成人顺从他们的意愿；总会对成人撒娇、依恋，似乎他们的整个生命都由成人决定。他们很少主动去做一些事情，常常让成人来帮助自己。他们让成人和自己一起玩、唱歌给自己听、给自己讲故事，而成人虽然有时候不愿意，但又不得不那样做，因为如果不做，这些孩子就大哭大闹，成人反而成了这些孩子的奴隶。

即使孩子与成人关系和谐，这些孩子也会陷入情感的牢笼。这些孩子似乎很渴求知识，仿佛对任何事都有着强烈的好奇心，他们总是抓着成人不停地问“这是什么”或“为什么是这样的”。但是，只要我们仔细观察就会发现，这些孩子并不在意成人回答的是什么，他们只是简单地重复着自己的提问，事实上，他们这样做只是为了让成人待在自己身边。

他们总是因为成人那些并不重要的命令，很轻易就放弃自己正在做的事。成人不难发现，自己能够很轻易地让这样的孩子服从自己的命令。从表面上看，这是孩子听话的表现，实际上暗藏着巨大的危机，经常这样做会让孩子变得麻木不仁，导致孩子失去最基本的判断力，产生惰性。

事实上，惰性也是一种心理疾病，它是缺乏创造力的一种外在表现。如果成人没有认识到这种惰性对孩子产生的负面影响，就会自己去代替孩子做出这样或那样的选择，从而阻碍孩子心理的健康发展。

让孩子从娇生惯养慢慢回归正常

富贵人家的孩子就像他们的父母一样，被优越的生活环境包围着。正因为如此，他们被娇生惯养的概率就要比平常孩子高出数倍。

生活在这样特殊环境下的孩子，其身心发展会是怎样一种状况呢？

一位叫玛丽的美国教师曾写信跟我说：“这些孩子总是从别人的手里抢东西，如果我拿某样东西给一个人看，其他人就会丢掉手中已有的东西围住我。当我讲解完一种物品时，他们又会为它争抢起来。这些孩子对各种各样的事物都不是真正感兴趣，对任何东西都毫不留恋，总是挑挑拣拣。教师给他们的东西，有时他们连摸都不摸一下就会扔到一边。很多情况下，这些孩子的行动是毫无目的的，他们满屋乱跑，毫不在乎这样做会给别人带来不好的影响。他们会故意碰撞桌子，掀翻椅子，踩在教师给他们提供的物品上……”

还有一位法国教师也曾在信中这样跟我说：“我不得不承认我的教学活动十分失败。这些孩子最多只能在一项工作上集中精力几分钟。他们经常像一群羊一样盲从。当一个孩子拿起一件物品时，其余的孩子也会抢着要这样东西。有时他们甚至会在地板上打滚，弄翻椅子……”

两位老师说到的情况基本相同——虽然这些孩子在生活上很优越，但是可惜的是，物质上的富裕给他们带来了精神上的贫瘠。他们不会轻易被花园中的小径、美丽的花朵和清幽的环境所吸引。那些能够让孩子着迷的事物大多不能让他们感兴趣，他们也不会轻易选择那些原本可以满足他们需求的物品。因此，他们的父母常常觉得力不从心。在生活中，这些孩子往往表现得散漫、缺乏秩序，他们认为在这个世界上很难找到自己感兴趣的东西。

面对这种情况，我给他们提了一些有效的建议——让孩子回到正常的状态中去。两位教师按照我的建议实践了一段时间之后，发现孩子以上的不良习惯都有了好转。

让我们一起来看看两位老师是如何做的吧：

玛丽老师写信来讲她的经验：“我曾经试图用学校里所有的物品去激发一个孩子的兴趣，却丝毫没见效果。但偶然一次，我给他看两种不同的颜色，他马上表现出了感兴趣的样子。在一堂课的时间里，他就认识了五种颜色。在以后的几天里，他拿起了所有过去他不曾在意的物品。

“有一个孩子最初只能保持很短时间的注意力，但当他对一件复杂的计算工具感兴趣之后，就会完全摆脱以往的那种紊乱状态。整整一个星期，他不断地摆弄这个东西，并学会了如何数数和做简单的加法。然后，他又开始玩一些较简单的工具，就这样他渐渐对所有的物品都感兴趣了。”

那位法国老师在回信中这样说：“圣诞节过后，我的班级里发生了巨大的变化。一切都变得有秩序起来，其实我并没有插手做任何事情。这些孩子似乎完全被他们的工作吸引了，他们再也不像从前那么漫无目的地做事了。他们甚至会主动拿起以前让他们感到厌烦的物品。过去他们往往是只凭一时的冲动就去做一些事情，现在他们会把精力集中在一些艰难的任务上，并学会努力去克服困难。这些努力对他们性格的发展产生了直接的影响，他们成了自己的主人。就像一个四岁的小女孩——在以前这个小女孩只要端着水，哪怕只有半杯，她都会把水洒出来。但是，在成功地完成了另一项她感兴趣的练习之后，她开始能够自如地给正在画水彩画的同学送水，而且一滴水也不再洒出来了。”

我认为，让孩子回到正常的生活状态中去，就是对他们这种特殊心理的最好疗法之一。

我们可以想象一下，在一般的家庭中，正常的孩子应该很早就能够学会自我克制，能够拥有独立的个人意识。他们不愿无所事事地到处乱跑，每天有秩序地进行一些活动才是他们想要做的事情。由此可见，对这些特殊孩子采取回归正常化的治疗，有一种人性皈依的感觉。最开始对孩子进行纠正肯定会比较困难，但是孩子一旦恢复到健康状态，其性格上的一切缺陷都将会消失。

可以说，纠正被娇生惯养的孩子身上的一些缺陷的关键，就是引导他们从做自己感兴趣的工作开始，再慢慢回归到一种正常的、有秩序的生活态势。一些爱捣蛋的被娇生惯养的孩子开始变得平静，有压抑感的孩子也重新获得活力。通过这种有秩序的工作训练，娇生惯养的孩子将能把内心的潜能发挥出来，并对自己的性格不断加以完善。

在孩子侵犯他人时，要予以阻止

孩子最初来儿童之家时，大都还不懂得人与人之间相处的规矩，总有一些孩子会不时地侵犯他人、干扰他人，这样的事情不胜枚举。有时候，教师为了引导孩子的这些行为会变得手忙脚乱，刚刚平息了这边的冲突，那边就起了纷争，真是“按下葫芦起来瓢”。

比如，一个孩子刚将粉红塔搭起来，另一个孩子就跑过来不怀好意地将其推倒；一个孩子刚将教具摆好在柜子里，另一个孩子就一下把它掳到地上去；有的孩子动不动就伸手打人或抓女孩的头发……

这个时候，教师会冲着捣乱的孩子轻轻皱一下眉头，或冲着他打出一个“停止”的手势，意思是告诉他不要干扰、伤害别人。当孩子不了解教师这些表情和动作时，教师就会用语言告诉他这样做是不对的。如果孩子屡次侵犯他人，教师就会把这个孩子带到教室的角落里，给他一套教具，让他一个人坐在那里操作。

这个时候，孩子会发现，如果侵犯了别人，自己就不能与别人一起工作，也不能做自己喜欢做的事情。这样的次数多了，孩子就会逐渐明白侵犯别人是不对的。

儿童之家是一个集体，虽然我始终强调要给孩子自由，但这种自由要以不侵犯他人为前提。在这一点上，我们要求孩子自由行动时不能侵犯他人，不能影响集体活动。

在普通学校里，进行集体活动时，教师会要求孩子整齐地、安静地坐着，整个教室像听报告一样安静。我们的教育也要达到这样的效果，因为，我们有时候必须要求全体安静地坐好，如参加音乐会或讲座时。这样的场合，我们将安排孩子各就各位，让他们坐到自己喜爱的位置上，并保持安静。

我们会尽力让孩子明白这样一个道理：在这样的场合，保持安静、遵守秩序、不侵犯他人是值得表扬的好行为，否则，我们的行为就会对他人造成不好的影响和阻碍。经过多次引导和实践之后，孩子们就明白了这个道理。后来，他们就能安安静静地待在自己的位置上，并小心地不去影响别人。

曾经有一个孩子在教师教授音乐时发出了很大的声音，结果其他孩子都听不清老师的歌唱和弹琴声。老师不得不终止弹琴，告诉这个孩子说："你这样大声吵闹，别人就听不到音乐了，他们会生气，老师也会生气，你这样侵犯别人，别人会不喜欢你的。"

这时候那个孩子也感受到了几个孩子不满的眼神，他开始觉得尴尬，就停止制造噪声了。

事实上，因为孩子在儿童之家是非常自由的，他们的个性没有被压抑。随着时间的推移，孩子们已学会了尊重别人，学会了适当抑制自己的行为以免影响他人，这样的相互尊重的行为会给他们带来心灵上的快乐。

给孩子的自由不能漫无边际，要以不侵犯、不伤害他人为前提。在日常生活中，父母要教导孩子在享受自由时不侵犯他人，告诉孩子某些事情何时可以做、何时不可以做。

要想让孩子变得开朗，就多让孩子参加集体活动

所有的人都处于某个集体之中，在孩子婴幼儿阶段的教育必须突出“群”的概念，提升孩子对社会的适应性。父母要通过适当的安排和灵活的方法，帮助孩子与他人增进交往、提升交流。

即使是孩子之间发生冲突和矛盾，这也是一个很好的教育机会。教育孩子经常容易犯的错误就是管教过多，总是担心孩子和别人起冲突，就连评价孩子好坏的标准也是看孩子老不老实、听不听话。

尽管这种教育方式是出于对孩子的关爱，但是这在无意间反而限

制了孩子的自由发展。父母应当有意识地让孩子去参加更多的集体项目，让孩子去相互配合、相互合作。孩子在与别的孩子积极交往的过程中，他的注意力会被其他孩子所吸引，其心理活动也会更丰富，他们的思想不再局限于个人的小天地里，性格也会变得更为开朗。

独生子女和兄弟姐妹多的家庭里的孩子，其成长环境大不相同。独生子女在家里没有竞争对手，比如眼前有好吃的食物，独生子女就可以慢慢吃，没人争抢，他们能悠闲放心地吃。

然而，有兄弟姐妹的孩子就不同了，他们必须学会如何分享。如果一个家庭有三个孩子，给孩子的东西就得分三份。即使父母分好了，孩子也会因为他们认为分配不公而争执，所以有兄弟姐妹的孩子常常面临着竞争，并且每次争斗都会给他带来悲伤、喜悦、不满、厌恶等种种感受。对于有兄弟姐妹的孩子来说，对他人的存在有一种真实体会，也知道了只要有“他人存在”，自己就面临着竞争，自己的需求很可能不会得到满足。

在独生子女的家庭里就不是如此。独生子女意识不到妨碍自己的他人的存在，也不会面临各种争斗。然而，在这种环境中成长起来的孩子，却由于没有兄弟姐妹而感到孤独。他们把时间多花费在幻想上，以此来度过自己孤独的时光。这种情况让独生子女能够很专注地进行思考，然而也使得他们有一些不切实际的想法，最终导致他们认识不到真实的社会，从而欠缺应有的应变能力。因此，在日常生活中，父母可以经常提醒孩子“他人”的存在，比如对孩子说：“如果还有一个小朋友也想吃糖果，你怎么办呢？”这样能够引导孩子更多地考虑他人。

如果一个家庭里的孩子多，父母的关心、爱护自然会分给每个孩子，这样他们也能够彼此学会分享，但是独生子女因为独占父母之爱，所以容易变得任性。这样任性的孩子一旦进入集体生活，就很容易与周围的小伙伴产生矛盾，自己也可能被孤立与排斥。

对于这种情况，父母要对孩子采取有针对性的方法进行教育。

事先提醒法：

遇到孩子容易做的任性的事，提前对其进行提醒，防止孩子出现不适当的任性行为。

精神转移法：

在孩子做出任性的行为时，用他们感兴趣的事情或事物转移他们的注意力，避免其任性行为延续下去。

冷却法：

当孩子提出不合理的要求或者任性哭闹时，不要理睬他，让孩子感到自己的胡闹没人关注，从而让他们自动停止任性行为。

效仿榜样法：

要孩子向那些不任性、懂事理的孩子学习，让孩子明白自己的任性行为不仅父母不喜欢，而且老师、同学和其他孩子都不喜欢。

成人应该认识到，孩子与孩子之间是最容易沟通的。同龄孩子在一起时，即使他们会有冲突、矛盾，但他们也能玩得好、学得好。孩

子在共同的游戏活动中互相学习、增长知识，并能提高自己的认知能力。有时候孩子之间也会产生矛盾，只要不是过于激烈的矛盾，父母可以在一旁观察，让孩子自己解决，实际上孩子很多时候能处理好彼此间的小矛盾。如果孩子请成人来帮忙，成人也要尽可能地说服他们自己去解决，慢慢地孩子对成人的依赖就减弱了，他们也能够在“孩子”这个集体中好好生活。

只有融入集体，与别的孩子积极交往，孩子才能正确认识到他人的长处。孩子通过比较，也能加深对自我的认识，并能更客观地认识自己、评价自己。这样做孩子还能学习他人长处，正确看待自己，并且不容易产生自卑感。在与别的孩子交往和解决问题的过程中，孩子的视野也变得开阔了，而且这也增强了孩子的人际交往能力，也能让孩子拥有更积极、健康的心态。

在日常生活中，父母可以有意识地让孩子将自己的东西与别人分享，让孩子感受到身处大家庭的快乐。比如，可以让孩子把自己的玩具借给同伴，或让孩子带着自己玩沙的小工具与同伴一起玩沙。一旦孩子尝到与同伴共同游玩的乐趣之后，就渐渐学会了与同伴共享，而这也正是他们融入集体的表现。

孩子每一次发脾气，都是心灵上的一次生病

在日常生活中，我们经常会遇到这样的情况，孩子在一阵近乎疯狂的激动不安后，突然平静下来。每个孩子体内都有其特殊的活力，它能给孩子惊人的力量，让他们战胜各种困难。但是如果孩子敏感期遇到无法克服的障碍，导致他不能正常地完成某件事，那么他的情感与性格就会紊乱，甚至变得乖戾。

孩子这种强烈的心理反应，我称之为发脾气。实际上这种反应是孩子内心紧张感的一种外在表现，也是孩子的需求没有得到满足而导致其失望的外在表现。这种心理紧张感，既是孩子内心恐惧的表现，也是孩子潜意识里的自我保护。

发脾气是一种激动、无目的性的行为，特征与发高烧很相似：突然来袭，原因却不明。正如日常生活中，孩子在生病的时候常常伴着发烧症状，当病好了，发烧症状也随之消失。同样的，孩子也会因为特别敏感而产生一种强烈的、莫名的焦虑不安情绪。可以说，孩子每一次发脾气就是他们心灵上的一次生病。

我们还发现，孩子发脾气后，越是让他们平静，他们的脾气反而

越坏。我们要明白，这一定有内在的原因。

我认识一个两岁的孩子，他的保姆每次都在一个浴缸用同样的方式帮他洗澡。后来，这个保姆有事必须暂时离开，另一个保姆接替她照顾孩子。可是，每次新保姆给孩子洗澡的时候，这孩子就哭闹不止，新保姆百思不得其解。原来的保姆回来后问孩子：“为什么新保姆为你洗澡你要哭个不停呢？是不是她对你不好？”孩子回答她说：“不是，新保姆对我很好，只是她每次为我洗澡时都不按原来的方式。”

真实情况是，原来的保姆都是先帮孩子洗头，再接着往下洗。但是新保姆却喜欢从脚洗起。洗澡的先后次序为这个孩子形成了一种生活规律。当有人打乱这种生活规律时，他就会极力防卫。然而，孩子的这种内在心理往往会被成人忽视，成人只是认为孩子不听话。

一个女孩刚刚学会走路。不论什么时候，只要看到楼梯，她都兴奋地大叫。如果有人抱着她上下楼梯，她就立刻哭闹起来，两眼泪汪汪，情绪激动。

她妈妈后来发现，女孩只是想自己爬楼梯。她对楼梯的高低台阶很感兴趣，她可以把手放在台阶上往上爬，或坐在台阶上玩耍。对女孩来说，楼梯要比屋外的平地有趣得多，在户外平地上她只能看到平坦的草地，只能在平地上走着散步。

孩子的敏感除了主要表现在秩序上外，还表现在需求上。每当孩子的敏感心理爆发，父母不仅要准确把握孩子的心理变化，还要满足孩子的需求。要知道，孩子此时正在进行强烈的斗争和挣扎，如果父母采用强硬方式控制孩子的行为，或者完全误解孩子的心理活动，孩子在斗争中就会遭受失败。

我举个例子。

在我们儿童之家有一个叫安妮的小女孩，一次，我们带她去挑衣服，有一件红点点的，一件条条的，还有一件格子的。成人都觉得那件格子的很漂亮。我们给安妮试衣服的时候她还很安静，没有说她不穿。她很高兴地脱下了衣服。然而，她的妈妈说“我们先给她穿上那件格子的”，并在拿着那件格子衣服往她身上穿的时候，这个孩子突然哭闹了起来，她坚决不穿。她妈妈劝说道：“宝贝，你穿上吧……”但是安妮还是又哭又闹，不肯穿上。

后来一位老师说：“这样吧，先让孩子玩一会儿，反正现在是夏天，也不怕冷。”于是他们就让安妮光着上身，在秋千上玩了一会儿。然后，我们又抱着那些衣服去劝她：“安妮，你可是女孩子，不穿衣服别人会笑话你的，穿上衣服好吗？”结果她笑着说：“好的。”我们问：“穿哪一件呢？”她指着红点点的那件说：“这一件。”于是，我们就给她穿上了那件带红点点的衣服。我们忽然明白了她刚才哭闹的原因。她妈妈说：“安妮，你想要穿这件红点点的，为什么不告诉妈妈，哭闹了半天也不说呢？”

安妮当时才两岁零十个月，她的心智还很幼稚，不懂得这个问题用“说出来”的方法就能轻易得到解决，她只是感觉到成人给她带来的压力。实际上我们还兴致勃勃地对她说：“这个格子的好看……”

这让安妮感觉更恐惧。她觉得她没有办法改变大人让她穿格子衣服的想法，所以，只能用不停地哭闹表达自己的不愿意。

实际上，成人在做事情的时候经常强制压抑孩子，而且对孩子的这种强制压抑常常还是无意识的。

孩子的心灵是神秘和难以捉摸的，照料他们的成人有时候并不明白孩子的内心想法。仔细回想一下，有多少次孩子毫无原因地哭泣起来，并拒绝我们的劝说和安慰？这些都让我们意识到：当孩子发脾气的时候，其实他们是因为某些神秘的、未知的需求没有得到满足。

第四章 培养良好的人格，就是建立优良的性格

多大的孩子，都有很强的自尊心

自尊在孩子的幼儿期就开始形成，它是指个体对自我价值的判断以及随之而产生的情绪反应。成年人很容易有这样的感受：当别人称赞你、肯定你的优点时，你会感受到自己存在的价值，从而产生自豪的情感；当别人故意贬低你时，就会损伤你的自尊心，你会感到屈辱和愤怒。自尊心强的人会过高地估计自己的价值，希望获得别人对自己的良好评价，对自己的要求也较高，这激励他在学业上获得更高成就，在为人处世上表现得更好。自尊心弱的人往往不能正确认识自己，自卑感较强，行为上表现为退缩、卑躬屈膝。因此，自尊是孩子自我发展的最重要方面，这关系到他们能否对自己做出正确的判断和评价，关系到能否形成一个良好的自我形象，这些会影响一个人的情绪、将来的行为以及长期的心理适应能力。

孩子自尊形成和发展的基础是他们对自己各方面能力的判断，而他们最初是通过别人对自己的评价来认识自己的。研究表明，获得成功机会较多的孩子，获得别人奖励的机会也较多，自我感觉也较为良好，自尊心也较强。不过人们也发现，孩子经常高估自己的能力并低估任务的困难程度，不过这种高估却对他们有好处，因为它能鼓励孩子积极地尝试，从而使他们掌握越来越多的技能。但我们同时也要看到，如果为孩子提供较难的任务，脱离他们的知识经验能力，他们也容易放弃。

事实证明，孩子的自尊行为与教育有关。孩子自尊行为的研究指出，自尊心强的孩子多半来自持有关爱、坚定、鼓励、民主作风的家庭。因此，良好的家庭氛围对孩子自尊心的形成起着十分关键的作用。苏联教育家苏霍姆林斯基认为：“人类有许多高尚的品格，但有一种高尚的品格是人性的顶峰，这就是个人的自尊心。”可见，自尊心位于一个人性格结构中的顶峰，是一个人的可贵品质。

斯坦利·库帕史密斯对自尊心形成原因进行的研究表明，自尊心强与自尊心弱，主要是因为父母对孩子的教养方式不同。自尊心强的孩子的父母对其采用的教养方式是：与孩子有充分的感情交流；对孩子感兴趣的活动给予更多的肯定；能理解孩子；父母在教育观念上的一致；父母有较强的自尊，并用以影响孩子。这要求父母对自尊有正确的理解和教育观念，并在日常生活中不断实施正确的教育方式。

当孩子确定自己得到父母的爱抚与尊重时，就会建立自尊心，相信自己的个人价值。所以，尊重不是宠爱，许多孩子可以从父母那里得到宠爱，但父母总是不相信他的能力。如与客人谈话时，常能感到：父母为怕他说傻话而紧张不安，经常以插嘴来帮助其解释。此外，父母也可能因为一件小事而对孩子轻率地下结论，如“我家孩子没有跳舞的天分”，“我的孩子不可能一个人做成这件事”等。这些不正确的结论其实都会对孩子产生不良的影响，这些心理暗示可能直接伤害他们的自尊心。

大人除了对孩子表示出尊重，并且充分相信孩子的能力，以此来培养他们的自尊心之外，树立榜样、正确引导孩子明辨是非善恶，也能够使他们在明辨是非中建立自尊。在孩子的成长过程中，大人的教育和引导对孩子的成长和发展起重要作用，因此，正确引导孩子明辨是非善恶，并率先示范、言传身教，通过日常生活中发生的事来教育孩子，让孩子分清是非，这对孩子的自尊心发展是十分有利的。

大人可以通过树立榜样的方式让孩子树立自尊。前面已经说过，孩子年龄小，他们接受新事物快，也特别善于模仿，因此一些具体的人和事，会给他们留下深刻的印象。平时大人可以经常给孩子讲英雄故事和一些值得赞扬的好人好事，让孩子把他们当作榜样，促进孩子自尊心的发展。而且在家中还可以设置光荣榜，当他们做了一件好事，就给他们贴上一朵小红花，这样可以进一步激发孩子的自尊心。

把孩子当作独立的个体，以平等的身份和他们一起谈论问题，这样会让他们的内心树立自尊。如果大人在和孩子的交流中少用命令式语言，而多一些商量的语言，创造平等的气氛和环境，那么孩子就会很容易接受成人的意见。

有这样一个案例：

在一次户外活动中，老师和孩子们一起玩布球。结果布球打落到操场上的各个角落，孩子们都没有去捡，而是拿起新的布球继续打，于是老师生气地用命令的口气说：“都不要玩了，去把布球捡回来。”孩子们都去捡布球了，回来后，他们再也没有刚才玩游戏时的那种热情了。事后，老师觉得自己做得不对，不应该简单粗暴地对待孩子，导致他们在愤恨中失去自尊。于是第二天，老师又带领孩子们继续玩布球，并说：“我们班的小猎手不但枪法准，而且还爱运动，谁能把布球捡回来呢？”这时，孩子都争着去捡。回来后，又高高兴兴地继续玩游戏了。两种不同的态度，得到了不同的效果。可见，只有尊重他们，孩子才能心情舒畅，真心接受老师的教育。

在家庭中也是一样。大人和孩子说话要多用平等的语气，心平气和地和他们讨论问题，不要总把他们当作小孩，其实每一个孩子都喜欢大人将他们也当成大人。大人在平时也应多鼓励孩子发表自己的见解。当然，大人还要教给孩子与长辈谈论时的必要礼貌。大人也应该持有虚心的姿态，如果确实是自己做错了，也应该坦诚承认，并向孩子道歉，让他们觉得大人尊重自己，这样他们的自尊心才会获得满足，他们才会健康发展。

人格的教育首先要从家庭开始

家庭教育首先是人格教育，而父母在家庭教育中扮演的角色，是维系父母与孩子关系的关键。我们常说父母和孩子是一起成长的。在孩子成长的过程中，父母的参与必不可少。与孩子一起塑造他们的人格，是父母对孩子的基本责任。

大人都知道要先尊重孩子，再用良好的形象影响孩子。这种以影响来教育孩子的途径是多种多样的，每个家庭都有不同的教育方法。但从总体来说，家庭教育不应是父母对孩子进行说教和家训。特别是人格教育，父母与孩子应该在家庭中建立一种良好的、融洽的、平等的关系，所谓教育，就是在这样一种关系之中潜移默化地进行的。父母与孩子的亲密关系使孩子一出生就受到父母的影响，在家庭生活中，父母的很多行为都是针对孩子而做的。而孩子的人格也是在每天与父母共同生活、面对面的接触中，逐步塑造成形从而适应对方和环境。这种塑造不单单是孩子方面，父母方面也要做出相应的调整，这样才会使孩子的人格发展得更为完善，而家庭氛围也更适合孩子的成长。

家庭教育心理研究专家们指出，孩子从出生到成长为青年，父母与孩子的关系也不应是一成不变的。也许孩子在父母的心中永远都是长不大的，但是父母对孩子的关爱和宠溺不能延续到孩子长大以后，否则只会适得其反。在孩子成长过程中，父母对孩子的“爱”和“管”的关系需有所变化。在婴儿期，父母对孩子的爱是无条件的、全身心的，父母可以牺牲自己的休息时间，在各方面对孩子给予无微不至的关怀。所以，这时候的“管”是尽量顺应孩子的状态，而不是让孩子顺应父母的意思，这时孩子是第一位的。但到孩子期，孩子逐渐形成自我意识，这时父母和孩子必须建立起一种真正的人与人之间的平等关系，这一种转变非常重要。如果父母始终不能把孩子当成一个独立的个体，孩子的人格发展就会受阻，他们可能会表现得非常自私、偏狭而不近人情，同时，他们的自理能力也会很差，他们对世界的认知和看法并不能随着年龄的增长而有所改变，这种人格会阻碍他们的成长。

如果孩子随着年龄的增加，还没有成为独立的个体，而一味依赖父母，父母就应该竭尽全力使孩子逐渐成为独立的个体。孩子在幼儿阶段的表现常有许多不同，因此，父母对他们的“爱”和“管”也应发生变化。但有一点必须达成共识，即无论孩子现在多小，哪怕只有两三岁，父母的“爱”和“管”都必须有利于孩子的独立，有利于孩子成为独立的个体。只有独立的人才有完善的个性，一个害怕脱离别人而存在的孩子，是没有个性的。就旧的教育观念而言，传统亲子爱的核心是关怀，而在我的教育中的人本模式的爱强调的是尊重。孩子虽小，但父母也要尊重他的独立人格，对孩子的任何强制行为只能取得暂时的效果，根本不能算是一种教育，教育的真谛在于启发孩子的自主性和自觉性。

在生活中，我们常常看到：孩子学走路时摔倒了，自己本来想爬起来，却被父母一把抱起。孩子哭了，父母心疼不已，一个劲儿地“骂”路不平……这些疼爱孩子的做法真的能够帮助孩子健康成长吗？正是父母这种错误的教育方法，使孩子们丧失了责任心，他们会觉得所有的不愉快都是别人造成的，他们从来不会自己承担责任。

有这样一则报道：一个美国小学生因破坏性行为受到停乘校车一周的处罚，这孩子只好每天步行上学。他的家离学校很远，孩子走得非常辛苦。有人建议其母亲用家里的汽车接送孩子，但母亲却坚决地说：“不，他应该对自己的行为负责！”虽然这里讲的是小学生的例子，但这个例子对我们教育孩子也可以起到借鉴作用。让孩子从小认识到应为自己的行为负责，这能培养孩子自觉遵守规则、自律的观念和习惯。而拥有这种观念和习惯的人，能够体现出他良好的人格。

你可能常常抱怨由于自己工作太忙而没有时间教育孩子。当然，我们承认有充裕时间陪孩子是过于理想化的。但即使我们很忙，只要懂得搞好家庭教育的主要途径是通过父母和孩子建立良好的、融洽的关系，我们完全可以用关系来衡量家庭教育的质量。有一点是肯定的，即父母与孩子相处并不完全在于时间的长短，而在于父母和孩子的关系状况。如果你与孩子有良好的亲子关系，同样可以以自己有限的时间来教育孩子。其实，对于缺少父母陪伴的孩子来说，他们反而对父母更有一种依恋和崇拜感。如果孩子与父母的关系太过生疏，自然无法实现良好的教育。我们可以看到，在革命年代，常有父母被捕关在监狱里，和孩子每个月只能见一面。他们虽然每次见面的时间只有几分钟，但由于父母和孩子维系着良好的关系，父母的人格魅力对孩子的人格塑造和发展起到了非常有利的影响。

父母通过“关系”对孩子进行教育，因此父母本身必须拥有良好人格。孩子是非常善于模仿的，在父母和孩子一起生活的过程中，孩子总是模仿父母，而且相比较而言，女孩子更多地模仿母亲，而男孩子更多地模仿父亲。这种模仿有的是有意识的，但很多都是无意识的本能模仿，它不局限于行为举止，还包括思维方式、情感取向、风俗习惯以及人格等。我们常常说，一个儿子酷似其父亲，其实并不全部因为遗传，很多的外在表现是模仿而来的。我们要确信的是，只要父母与孩子建立了某种关系，父母的人格对孩子的人格形成就会产生决定性影响。

在工作和游戏中，塑造优良的品格

工作为成人带来了成就感，而这种成就感也为生活带来了希望；同样地，孩子每天不停地忙碌，也是在为自己的成长而工作。如果一个人能够喜爱自己的工作，那他的生活就绝对不会因无趣乏味而烦恼不已，反而能获得成就感。一个喜欢工作的人是一个正常的人，也必定是一个快乐的人。

让孩子养成喜欢工作的习惯，对孩子的成长非常重要。父母应该在孩子很小的时候就鼓励他们去工作，可以让他们帮助成人做些力所能及的家务。在孩子做完之后，父母要给予一些适当的夸奖，这样孩子不但内心高兴，而且会觉得很有成就感。当然，成人也要考虑孩子的实际能力，不要让他们做自己做不了或危险的事。比如，如果你要孩子帮你拿碗，最好让孩子拿那些摔不坏的碗。

现实中，失败在所难免，如果想要培养孩子战胜困难的能力，就要精心设计和安排，以免弄巧成拙，从而对孩子幼小的心灵造成打击，或让孩子产生自己只会做错事的挫败感。

成人尽量让孩子顺其自然地去工作和生活，不要对孩子有太多禁令，禁令过多会损害孩子的创造力。让孩子了解工作有很多好处：培养孩子乐于助人的习性，让孩子拥有更多的快乐；培养孩子不贪婪奢求的好品格，让孩子胸怀坦荡、坦然自若，防止生活中不愉快的事情发生；培养孩子美化生活的才能，让他们的生活不枯燥，更加幸福美好，而且还能提升他们创造或欣赏美的境界……这些都将促进孩子的健康成长。

很多人习惯采用禁止的方式来约束孩子的行动，但这种方式会压制孩子的积极性。这种情况在不懂教育的父母身上表现得尤为明显。

有一个与外祖母住在一起的四岁小男孩。有一次，他想打开花园里人造喷泉的喷口，看看漂亮的喷泉。但是，小男孩突然把手缩了回去，外祖母非常不解，便问他原因。小男孩沮丧地说：“我不能这么做，保姆不允许我打开它。”

外祖母一听，便告诉小男孩说：“我允许你这样做，这是在我们自己家里啊，你喜欢做的事情就要大胆去做。”小男孩笑了起来，高兴地把喷泉打开了。这表明，外祖母的允许比不在场的保姆的禁令更能让孩子感到快乐。

孩子渴望工作，可以说，工作是人类的一种本能。工作带给人幸福，让人保持健康，让生命恢复正常状态。但是成人却总觉得工作让人不愉快，或者因为过分担心孩子还小而不让他们接触工作。实际上，孩子的智慧要通过双手来获得，只有让孩子学会工作，他们才能适应周围的环境。

孩子的好修养不是一日之功，需要日积月累才能养成。好的修养能够影响孩子一生，父母必须加以重视。父母除了让孩子工作外，还可以通过游戏培养孩子的好品格、好修养。以下这些游戏均可以在家里做，而且简单易行。

看谁讲礼貌：

妈妈可以和孩子做“看谁讲礼貌”的游戏。这个游戏很简单，目的是让孩子学会礼貌用语。妈妈让孩子去拿东西，应该客气地说“请”；当孩子拿来时，应该说“谢谢”；在游戏中做错了应坦然地对孩子说“对不起”。这个游戏可以贯穿于日常生活中，父母要以身作则，让孩子在耳濡目染中学会讲礼貌。反复做这个游戏，孩子很自然地就能成为一个有礼貌的好孩子。

角色扮演：

可以事先帮孩子模拟出一个情境，然后父母和孩子分角色扮演场景中的人物。这个游戏能够让孩子学会感受别人的情绪，懂得如何和别人礼貌地相处。如果家里只有一个孩子，父母可以召集邻居家的小朋友一同做这个游戏。比如，让几个小朋友分别扮演妈妈、爸爸、弟弟、妹妹等角色。当扮演妈妈的孩子煮饭给全家人吃时，其他孩子要对妈妈说谢谢。

在角色扮演游戏结束时，要提醒孩子谢谢与其合作的其他孩子，这样能使孩子感受到合作的乐趣，也学会尊重彼此。

谁会讲故事：

妈妈可以和孩子一起阅读童话故事，引导孩子自己去把它讲出来。在这个过程中，妈妈要与孩子讨论彼此的想法和感受，并借此机会教导孩子应该如何更恰当地做事。妈妈可以问："如果你是那个孩子，你应该怎么样去做呢？"

妈妈还可以请孩子分享当天发生的事情，并对孩子的所作所为进行评点和指正。比如问孩子："今天和小朋友抢玩具，你是不是做错了？"当然，妈妈也可以把自己经历的事情讲给孩子听。生活永远是最好的教育素材，把握生活中的教育机会，可以说是培养孩子品格的最棒方式之一。

小熊生病了：

妈妈将一个小熊玩具放在孩子的床上，然后对孩子说："小熊生病了，你是不是应该去看望一下它？"接着妈妈可以再启发孩子："去看望病人，我们应该给它带点什么呢？"然后，引导孩子给小熊带些水果或鲜花。

这个游戏模拟人生病的情景，通过妈妈与孩子的互动，可以让孩子初步了解看望病人时应做些什么，学会相关的礼仪，并让孩子懂得如何关爱他人。

请小客人吃饭：

妈妈可以为孩子准备一些孩子喜爱的小兔、小狗、小猫等小动物头饰，并准备这些小动物爱吃的相应食物卡片：骨头、胡萝卜、小鱼等。妈妈把这些卡片用小盘盛好，然后再布置一个小餐桌，把小动物爱吃的食物放到小桌子上。接着，妈妈可以选一个小狗的动物头饰戴上当主人，让孩子另外选一个他喜欢的头饰戴上当客人，比如让孩子选择小兔子。

孩子扮作客人到主人家做客，这时妈妈要告诉孩子：去别人家做客要轻轻敲门，主人开门欢迎之后再进入，然后主人要和客人互相问好，如“小兔子你好，欢迎你到我家来做客，请进”。

主人请客人坐下，然后热情地拿出客人爱吃的胡萝卜卡片招待客人，并说：“这是你喜欢吃的胡萝卜，请多吃点。”接受主人的食物时，客人要有礼貌地说：“谢谢。”当客人走时，要与主人告别说：“欢迎你到我家去做客，再见！”

在这个游戏中，妈妈和孩子可以互换角色。通过这个游戏可以锻炼孩子使用“请”“谢谢”“再见”等礼貌用语，也能提高孩子的交往技能。

抛硬币：

爸爸和孩子一起玩汽车玩具，爸爸假装要争着先玩。如果孩子不愿意，爸爸就可以启发孩子说：“好玩的玩具大家都想玩，你不能一个人独占。我们抛硬币吧，正面朝上你先玩，反面朝上爸爸先玩。”

如果孩子输了，爸爸就要邀请孩子一起玩；如果爸爸输了，爸爸也要告诉孩子应该邀请自己一起玩。这个游戏能让孩子学会如何解决一些小的争端、如何和别人分享，从而建立健康的人际关系。

这些小游戏通过模拟一些生活中的场景，能够锻炼孩子与人相处的交际能力，培养孩子乐于助人、关爱他人的好品格。这些小游戏中宣扬的礼仪、精神、品格也为孩子形成良好人格与性格打下了坚实的基础。

不要害怕孩子犯错，但要懂得控制错误

在自己动手去尝试和体验的过程中，孩子多多少少都会犯一些错误。作为成人，面对孩子犯下的错误，我们该怎么做呢？

如果我们对犯错这一现象进行过研究就会发现，每个人都会犯错误，这是一个事实。如果本着尊重事实的原则，我们就应该承认每个人都可能会犯错误，否则我们岂不都成了完人？因此，我们应当理性对待犯错误这一问题，把它看作生命中不可或缺的一部分。因为，错误也有它有益的一面。

许多错误都会在生命的进程中得到改正。

拿孩子最爱玩的一个游戏来说：

孩子最初玩的游戏是摆放圆柱体。这些圆柱体的高度相同，直径不同，每一个圆柱体都恰好能插入与它相邻的孔罩中。孩子玩一游戏

时首先就会认识到，所有圆柱体都是不同的。其次，他会知道，必须用拇指和其他两个手指抓住圆柱体的顶部。孩子将这些圆柱体一个接一个地向上接。接到最后，他们可能会发现自己犯了一个错误——最后一个圆柱体太大了，无法插到上一个圆柱体的孔罩里，而有些圆柱体插入另一个孔罩时可能会非常松。

这时候孩子就会重新进行检查，仔细研究，努力解决这个问题。这个剩下的圆柱体提示他犯下了一个错误。恰恰就是这种错误引起了孩子的兴趣。因此，他会不停地重复做这个游戏。这个游戏对孩子有两个好处：一是提高了孩子的理解力，二是使他们有效地对错误进行改正。

两岁的孩子就可以使用这种玩具，并很快就具有了改正自己错误的能力，这样孩子就会走上不断完善自己行为的道路。但这并不意味着他已经很完美了，他还必须对自己的能力有所认识，这样才会激发他产生一种努力工作的欲望。

孩子可能会说："我不完美，也并非无所不能，但我知道自己能够做什么事情。我也会犯错误，但我能够自己改正错误。"

这种谨慎、自信的性格，和他们由此所获得的经验将使他们终身受益。

我们可以看看已经接受这种教育很长时间的孩子的情况如何：

在计算数学题得出结果之后，他们会对结果进行检查，这已经成了孩子们的习惯。对他们来说，检查结果比结果本身对他们更具有吸引力。

我们曾做过一种练习，让孩子把写有物品名字的卡片放到相应的物品下面，孩子们会反复通过各种方式对自己做完的结果进行检查，他们在发现错误的过程中会获得极大的乐趣。

在日常生活中，经常为孩子安排一些能够独自让他们发现错误的机会，会使孩子逐步达到完善。因为，在这个过程中，孩子可能就会养成反复检查的习惯。追求完美、不断检查自己行为的习惯，对孩子的健康发展至关重要。

孩子也有追求准确、完美的天性。就像这样一个例子中的孩子：

有一次，我们做“执行指令”的游戏。有一个小女孩得到的指令是：到教室外面，把门关好，然后再回来。小女孩依照指令去做，可是刚做到一半，她就跑回来对老师说：“这个指令我做不完，如果我把门关上，就回不来了。”老师很欣慰地对她说：“你说得很对，是我的指令错了。”接着，老师又重新写给她一个指令。女孩接过后，思考了一下说：“现在这个指令我就能够完成了。”

对错误的认识也有助于拉近人与人之间的距离。错误会让彼此之间产生隔阂，但是改正错误又会消除这种隔阂，把人重新联系到一起。人人都会犯错，只要抱着正确的态度，那么错误就不再是不可原谅的，它反而会变成一件非常有趣的事情，因为在发现错误、改正错误的过程中，我们收获了很多。

孩子犯错误很正常，而会犯错误也是老师和孩子的一个共同点，只要老师能正视自己的错误，那么它就能成为师生交流的一个纽带，这样老师不会因为承认错误而失去尊严，孩子也不会因为老师犯错而不再尊敬他。错误不单单是个人的事，还是人与人交流的桥梁，每个人都有必要正确认识自己的错误并加以改正。

一般情况下，由于认知所限，孩子意识不到自己的错误，需要父母指出来。孩子完全不是有意识地犯错，所以也不会在意自己的错误。但是这种情况下孩子是不自由的，他们并非故意犯错，却要时时被监管和惩罚。我们需要做的就是让孩子意识到自己的错误，并让他们自发地去改正，而不是对孩子严厉批评和惩罚。然而很多时候，父母并没有做到这一点，他们错误的做法最终阻碍了孩子的成长。

有一位女士去朋友家做客，在聊天的时候，她看见朋友家不满三岁的孩子正试图用一把钥匙笨拙地打开卧室的门。但孩子身高不足，协调性也不好，怎么也打不开那扇门。这位女士看见了，便想走过去帮助他，却被她的朋友阻止了。朋友说：“不要去干扰他，让他自己摸索着打开门。一旦他在‘错误’中摸索到了如何开门，他就再也不会忘记怎样开门了。”果然，过了一会儿，孩子开心地拍起手来，原来他终于将门打开了。

试想一下，如果那位女士帮孩子把门打开，也许很快就帮孩子解决了困难，但是孩子最终还是没有明白如何开门，并且他不明白自己错在哪里，下次遇到同样的问题，他仍然会犯同样的错误，仍然打不开门。在生活中，像这样的事例还很多。

在成长的过程中，孩子总会犯这样或那样的错误，很多父母讨厌自己的孩子犯错误，一旦孩子犯错便立即对其进行惩罚；孩子自己也会遭受这些错误带来的折磨，很多父母不忍心看孩子受错误的折磨，往往立即帮助孩子纠正错误。这两种做法都是不对的，这两种做法往往让孩子失去认识错误的机会，结果错得更厉害。我们要知道“犯错”也是孩子的学习机会，甚至应鼓励孩子犯一些错误，让孩子通过犯错的方式去学习，从错误中吸取教训，进而提高自己的能力。

经常拒绝奖励，标志着孩子逐渐成熟

有一天，当我走进教室的时候，看到班上一个聪明的孩子脖子上挂着一个很大的希腊式银质十字奖章，这个奖章用一条精致的白色带子系着，而另一个孩子则坐在教室最显眼的地方的一把扶手椅上。

很显然，前一个孩子得到了奖励，而后一个孩子是在接受惩罚。不过当我走进教室的时候，那个老师对孩子没有再进行任何干预。于是我也没有出声，静静地坐下继续观察。

我发现，得到十字奖章的孩子来回地忙个不停，他把自己用的东西从自己的桌子上搬到老师的桌子上，把其他的东西搬回原处，他高兴地忙着自己的事情。他每一次走动都要经过受罚的孩子坐的地方。

他的奖章在走动的时候不小心从颈上滑下来掉到了地上，于是受罚的孩子把奖章捡了起来，提着缎带摇晃着，翻来覆去地看，然后对他的同伴说：“你知道你掉了什么东西吗？”掉了奖章的孩子转过身，无所谓地看了一眼那个奖章，他的表情好像是在责怪别人打断了他，回答说：“我对它无所谓。”受罚的孩子平静地说：“你真的无所谓吗？那么让我戴一下吧！”他回答：“行，你戴吧。”就像是在说：“你让我安静会儿好吗？”

受罚的孩子小心地整理一下缎带，把奖章挂在自己的胸前，这样他就可以欣赏奖章的样式和光泽了。然后他调整了一下坐姿，把手搁在扶手上，舒服地坐在小椅子里，神情显得那么轻松愉快。

由此可见，被惩罚的孩子要从奖章中获得满足感，而那个积极主动、愉快工作的孩子却不需要从奖章中获得满足感，因为他已经摆脱了对表面奖励的痴迷。

糖果一般不会和正餐食物放在一起吃，而是作为一种奖品奖励给孩子。孩子喜欢吃糖果是众所周知的，所以当他们拒绝接受糖果的时候，大人们就非常难以理解。我通过进一步的实验去探究孩子拒绝糖果的原因。我花了很长时间才使自己有了结论，孩子拒绝糖果的内在原因是孩子拒绝表面上的奖励。

我到儿童之家学校去的时候，带了一袋子糖果。我把糖果发给孩子的时候，他们有的拒绝接受，有的只把糖放在外衣口袋里而不吃。我原本以为这些孩子的家庭都很贫穷，可能他们想把这些糖果带回家

去和家人一起分享。于是我对他们说："这些糖果你们现在就可以吃，这里还有其他的糖果你们可以带回家。"这些孩子接受了糖果，但还是把它放到口袋里，并不吃。

在孩子当中，这种现象非常普遍。许多参观者听说我的实验和结论后得知了这一现象，然后到我们学校来证实。其实在孩子的世界里，这是一种自发的行为，没有人教他们伪善地拒绝糖果，也没有人对他们说："小孩子不能玩耍，也不能吃糖果。"

这一切，都是随着孩子年龄的增长，他们的思想境界提升到一定程度时的结果。他们完全自愿地拒绝糖果这种表面的奖赏。

假如一个人能够享有自由选择的权利，并且能够自我约束，那么他就会去追求那些能激发他的潜能，并且能鼓励他去努力的目标，或是追求那些他感觉有价值的目标——这些真实的价值就是源于人类生命的内在自由和力量，它们激发出人们最大的积极性。

有一次，我陪同一位女士参观另一所儿童之家学校，这位女士看到那些优秀的孩子，感到非常满意。于是，她拿出一个装满精美奖章的盒子，她把这些漂亮的奖章展示给孩子们看，并说："你们的老师会把这些奖章送给这里最聪明、最优秀的孩子。"

尽管我不赞成这位女士的做法，但是我也没有权力要求这位女士按照我的意愿行事，所以我没有阻止。一位老师把盒子接了过去，这时班上最聪明的那个四岁的男孩正坐在椅子上，皱起眉头反复向老师说："别给我！别给我！"

这个孩子显然已经知道自己是班上最聪明、最优秀的孩子了，然而他不愿意被奖励。

孩子拒绝这种表面的奖励是其走向成熟的表现，这意味着他们认识到了什么才是真正有价值的东西。当父母和老师看到孩子这一点时，应该感觉欣慰，因为他们找到了内在的力量。

孩子的爱，拯救了成年人的颓废

孩子是父母爱的结晶，因父母的爱而来到这个世界上，出生后又被父母的爱所包围。在孩子还幼小的时候，父母每日殚精竭虑，并为他们柔弱的身躯和脆弱的心灵提供特别的保护。父母对孩子的爱是一种无私的爱，是一种自我牺牲、毫无怨言的爱，这种感情非常真实而自然。

大自然的规律要求我们抚养孩子、教育孩子。孩子因爱而来，所以爱也是孩子成长的源泉。孩子从出生起就被父母悉心照料，也就是说，只要一个孩子的父母还健在，那么他们就必定是这个孩子与外界接触的第一道桥梁。大自然的规律让父母对子女充满了浓浓的爱，这种爱是与生俱来的，不需要任何理由，也是无法假装的。

父母的爱是伟大的，它源自于人的本能，能激发出人们的自我牺牲精神，促使人们去关爱他人。这种爱甚至能让父母为保护孩子而献出自己的生命，而父母从这种无私奉献的精神中感觉到的是幸福。

爱是生命的创造性力量，而在创造的过程中又产生了爱，爱就这样循环着。这种爱时时刻刻围绕着孩子，促使孩子去实现自我价值。孩子对爱的感受是单纯的，他们通过感官印象来体会爱，而这种印象又为他们提供了成长的动力。

清晨，孩子早早起来后走进父母的房间唤醒他们，这对劳累的成人来说是一件令人讨厌的事情。但是反过来想一下，如果不是爱，还有什么东西能让一个孩子一醒过来就去寻找他的父母呢？当孩子早早起床去叫醒仍在睡觉的父母，似乎要对父母说：“天已经亮了！应该起床了！”不过，孩子到父母跟前，绝对不是去教导他们，而是去看他所爱的人。

当太阳升起，也许父母的房间仍然窗帘紧闭，门也关着，阳光没有叫醒两位睡眠者。孩子悄悄地进来，触摸他的父母，父母醒过来抱怨道：“已经跟你讲过多少次了，不要一清早就来叫醒我们。”孩子回答说：“我并不是想故意叫醒你们，只是要给你们一个吻。”

孩子不仅喜爱美丽的早晨，他们还深爱着总是睡过头的父母。当孩子早晨起来把父母叫醒，实际上是要说：“我并不希望打扰你们的睡眠，我只是要唤醒你们的精神。”

孩子的到来唤醒了我们疲惫的知觉，给了我们一个新的开端，让我们保持清醒。孩子每天早晨出现在我们面前，好像是在说：“你们要努力，你们可以更健康地生活，你们完全可以过得比现在还好。”

确实，孩子的爱对父母也有重大意义。随着生活的积累和年龄的增长，父母对一切都渐渐感到麻木了，需要年轻的心去唤醒他们，用勃勃生气和能量激发出他们对生活的积极性。父母需要一个朝气蓬勃的人在每天早晨对他们说：“复活吧！学会更好地生活吧！找回你的生命！”

是的，父母需要更好地生活，所以应该感受孩子的爱。如果少了孩子的爱，成人的生活将会多么颓废和无趣呀！如果成人不借助孩子的爱去努力进行自我改造，就会渐渐变得麻木不仁、毫无激情。

人本性善良，孩子还没有被社会浸染，所以孩子的内心无比温暖，甚至比成人还要纯粹。教育的关键是与孩子进行沟通，所以当我们去教导孩子的时候，要用自己的心去感受孩子温暖的心。但是读懂孩子的心不是一件容易的事，需要付出很多努力。不管如何，父母和孩子之间的交往日益减少，必然导致父母感受不到孩子的爱。

然而对有些父母或老师而言，他们并不为和孩子沟通减少而担心，反而为孩子每个阶段表现出的渴望而烦躁不已。孩子随时都会对我们付出爱，孩子是爱成人的，因此成人也应该去了解他们。

我们总是说，父母和老师为孩子付出了那么多爱，甚至有人主张，必须教导孩子学会感恩——去爱他们的父母和老师，去爱每一个人和每一件事。然而，谁能担当孩子“爱”的导师呢？是那些总把孩子的活泼好动当成调皮捣蛋的人吗？是那些当孩子犯错时只会粗暴惩罚的人吗？没有谁能不经过努力就成为孩子“爱”的导师，就像井底之蛙不通过努力是不能看到更广阔的世界一样。

孩子深深地爱着他身边的成人。当孩子睡觉的时候，一定要他爱的人陪伴着。然而孩子所爱的那个人也许正自以为是地认为：如果孩子睡觉的时候，还需要我陪在他身边，这就太不应该了。我一定要阻止孩子这种无理取闹的行为。在吃饭的时候也是如此，有的成人说，孩子总是闹着和成人一起坐在餐桌前吃饭，而当我们不让他们过来时，他们就开始大哭。虽然小孩子不适合吃成人的食物，但是当成人吃饭时，孩子只是想要和他们在一起而已——孩子被带到餐桌前就不会再哭闹了。当然，假如孩子坐在餐桌前还哭闹不止，那可能是因为成人只是在关注自己，冷落了孩子。

还有谁会像孩子一样，连吃饭的时候都想和我们待在一起？将来有一天，成人就会哀伤地叹息：“现在没有谁在睡觉前还哭着要我陪了，每个人睡觉的时候只想着自己，没有谁想到我。”这是多么令人悲哀的事情啊！只有孩子每天晚上都对成人说：“不要离开我，陪我嘛！”然而这样的人生经历是有限的，失去了就再找不回来了。

所以说，父母不能只把对孩子的爱当成一种情感，更不能因为这种情感而抱着“我做什么都是为了孩子好，这样做都是因为我爱孩子”之类的借口，就认为孩子应该完全服从自己，从而变相地摧毁孩子的尊严，伤害孩子的心灵。孩子的成长之路上需要严格的父母，更需要具有宽容心的父母。即使爱的出发点是对孩子好，父母的言行也要考虑到孩子的心理特点和行为能力，更要考虑孩子的内心想法和感受。

要教会孩子怎么做人

孩子有模仿的天性。孩子的模仿与动物的模仿不同，是源于心灵上的建设性行动。比如，在语言的学习上就是如此，他们的模仿和鹦鹉学舌是很不一样的，他们不是机械地模仿周围人的话语。当孩子听到别人说话的时候，就会运用自己的记忆力，将话语中的词汇深深地记在脑海里，然后根据自己的需要去运用。

孩子的模仿能力是天生的，也是非常强的。孩子从出生就和父母生活在一起，父母也就顺理成章地成为孩子最重要的模仿对象。孩子的模仿不仅限于表面的行为举止，还深入思维、情感、习惯乃至人格等更深的层次。我们要了解，一旦父母与孩子之间的亲子关系确立，父母的人格就会对孩子产生决定性影响。所以，身为父母必须以身作则，为孩子树立好的学习的榜样。

孩子对成人的一举一动都十分敏感，对于成人的指示他们也会表现出服从的天性。成人要相信：孩子出生就准备好了服从我们，而且他们服从的意志十分坚定，这正是孩子的特性之一。

一个小孩把拖鞋放在床上，他妈妈生气地说：“拖鞋很脏！不能放到床上！”然后一边用手把床单上的灰尘拍掉。经过这件事以后，这个孩子只要看到拖鞋放在床上，就会对着拖鞋说：“好脏！”然后用手拍掉床上的灰尘。

既然孩子如此敏感，又这么容易受我们的影响，我们应该怎么做呢？成人一言一行需谨慎，因为我们做的每一件事、说的每一句话，都会深深印在孩子的脑海里。对于成人尤其是父母，孩子充满了爱与崇拜，所以我们应该意识到，如果孩子的行为出现了偏差，很有可能是他们对我们不良举动模仿的结果。

孩子是一个热情的观察者，所以，成人应有规范自己行为的责任。成人的一言一行对孩子来说，就像是一本打开的书，给他们带来莫大的鼓舞。通过学习“这本书”，孩子可以知道该如何去生活。但是，成人如果想要为孩子提供正确的指导，就必须让自己的行动清晰而规范，这样，通过观察，孩子就能清楚地看到成人做出该行为的过程和细节。

对孩子来说，家庭是人生的第一站，也是他们的第一所学校。父母便是孩子人生中第一位老师，也是对孩子最具影响力的老师。父母对孩子的影响，不仅是持久的而且是深刻又牢固的。

家庭教育是一个人开始最早、历时最长和影响最深的教育。正是在父母的关怀中，孩子逐渐了解了世界。孩子受父母行为的潜移默化的影响，在父母的熏陶中塑造属于自己的人格，因此，孩子对父母充满了尊敬和信赖。

只要父母和孩子在一起，对孩子来说，父母就是一位教师，孩子不断地从他们身上吸取知识、发展自己，所以为人父母者就要不断地充实自己。俗语说：教人一滴，自己就需先有一桶。对待自己的孩子更是如此。

努力为孩子营造一个充满欢乐的健康的家庭环境吧。在文明、健康、和谐的家庭里，父母通过言传身教来培养孩子开朗、勇敢、进取、活泼的性格，让其养成独立的意识、良好的习惯和较强的社会责任感，树立关爱、创新、合作、感恩、宽容的理念——这是培养孩子良好人文素质的重中之重。

孩子们变好还是变坏都与他们受到的教育有着密切的联系。孩子受到的早期教育会对其产生决定性的影响，由此更可以看出父母和家庭教育的重要性。家庭是孩子学会辨别是非的课堂，父母的言谈举止就是孩子辨别好坏的标准。孩子正是受父母待人处事、言谈举止潜移默化的影响，逐渐形成了自己的善恶观念和是非标准。父母疼爱自己的孩子的最根本做法就是：严于律己，做好榜样，做好示范工作。

榜样教育对孩子的成长很重要。孩子的思维想象能力、辨别力非常有限，模仿是他们认识世界最重要的途径之一。榜样本身具有调动、控制、矫正孩子道德行为的作用，因此，家长或言传身教，或通过讲故事等方式让孩子了解到模范人物的优秀事迹，从而提高孩子辨别是非善恶的能力。

为了提升孩子的是非观念，父母应该努力提高孩子的道德知识水平。当孩子的道德知识水平不高的时候，很可能会犯各种各样的错误。一旦孩子犯错，父母不要急躁而粗暴地对待孩子，而应该对他们循循善诱，进行正面的教育，进而调动孩子的主观能动性，让孩子提升自己明辨是非的能力。在同错误行为的斗争中，孩子明辨是非的能力也会得到发展，所以，父母要鼓励孩子去实践，鼓励他们多参加集体活动，通过与别人行为进行比照来提高自己明辨是非的能力。

我们应该教会他们如何做人、如何生活和学习、如何去工作、如何正确认识和解决问题，这才是父母教育孩子的根本。父母不可能一生都代替孩子做所有的事情，孩子最终还是要自己生活的。那么，父母应该留给孩子什么呢？那就是为孩子铺一条正确的道路——培养他们健全的人格、独立解决问题的能力、战胜困难的能力、热情生活的态度，还要教会他们勇敢地去承担责任，友好地去对待他人。

第五章 有教养的孩子，性格绝不会差

让孩子从小就成为一个淑女或绅士

你的孩子是小淑女、小绅士吗？一些粗俗的、不雅的行为是否已经让你孩子的第一印象大打折扣？大人对孩子的教育是非常重要的，这有助于你的孩子在今后的社交中表现出非凡的魅力。要培养一个有教养的人，需要从小开始。当你的孩子进入幼年期时，他们的一举一动已经有了规范的必要。

在餐桌上一些人的吃相让他们给别人的第一印象大打折扣。三岁以上的孩子就应该知道世界上有两种不同的行为——粗俗的和优雅的，而优雅的举止能使他们在全世界通行无阻。你可以适当提醒孩子“在吃东西时，请闭上嘴后再嚼东西”。当然在说这些话的时候，大人要确保自己嚼东西的时候是闭着嘴的。如果此时你的孩子在跟你讲话，他因为满嘴含着食物说话而流着口水的话，先不要提醒他。当你回答完他的问题之后，最好告诉他如果他嘴里不塞满东西说话，你会听得更清楚。

很多孩子会拿衣袖来擦脸和手，他们甚至经常把小脏手伸向你的衣服。在这一点上，大人必须要让孩子“用餐巾”或者“请用餐巾纸”。如果大人能够经常叮嘱孩子的话，孩子会形成一种好习惯，当他们日后和他人约会时，会赢得更多好感。

大人还要教育孩子在咳嗽或打喷嚏时应捂住嘴巴，而且不要对着任何人咳嗽或打喷嚏。对于孩子来说，“口无遮拦”地对着别人的脸咳嗽、打喷嚏的行为可能是很难控制的，但是当你的孩子足够大时，你完全可以教育他不要这样做。因为对着别人的脸咳嗽、打喷嚏不仅有损他人健康，也是没有教养的体现。大人应该让孩子从小养成“咳嗽时捂住嘴巴”的良好习惯，因为对着别人或者空气打喷嚏、咳嗽是很不礼貌也不雅观的，这样不但会把口水或者鼻涕溅到别人的脸上，还可能把各种病菌传染给别人，而且别人也会对你的印象打折扣。大人要提醒孩子，如果你实在是因为不小心对着别人打喷嚏后，要赶忙向对方道歉，请求对方谅解。父母要培养孩子从小养成良好的卫生习惯。这种习惯的养成既是对自己负责，也是对别人的尊重，更是一个人内在修养的体现。

我们还要告诉孩子，作为小淑女或小绅士，在公共场所要保持安静。如果你乘火车时，熄灯后许多旅客都躺在自己的铺位上休息了，但有些人还在喋喋不休，他们令周围旅途劳顿的乘客无法入睡，这是很让人烦心的一件事。在博物馆安静的展厅内，如果你的孩子嘻嘻哈哈地打闹，一定会引起不少参观者的侧目。不仅如此，追逐打闹本身就是一种既不安全也不文雅的行为。在游戏中，大人可以鼓励孩子尽情嬉戏，但在安静的场合，大人要告诉孩子，不要因为自己的不当行为而让周围的人受到打扰。

当孩子成长到能够把自己的手指伸向某处的时候，他们会发现鼻孔是个放手指的好地方，更糟糕的是，不少孩子把鼻屎吃进嘴里。对于那些听从教诲的孩子，轻轻把他们的小手从鼻子里移开就好了。但对于大多数孩子来说，他们刚开始抠鼻屎时，如果受到制约反而会产生负面效果——导致他们更想去做，而且这种事情还会上瘾。如果大人为此大动干戈或者大声尖叫、拍打孩子的手掌，或者大声嘲笑孩子，那么孩子的这种行为只会被激励。所以为了避免这种不雅习惯的形成，大多数孩子更需要大人温柔的劝导。如果大人发现孩子正在抠鼻孔，并且一个温和的将小手移开的举动并不起作用，大人此时最好当作什么也没看见，试着去忽略它。但是必须在孩子下一次抠鼻孔的时候，以同样的方法制止。有时候，大人的坚持纠正会让孩子改掉坏习惯。但如果孩子的坏习惯持续超过一星期，大人就应该告诉他“我们应该用纸巾来擦鼻子”，并给他纸巾让他随身携带。如果这种坏习惯仍无法改掉，大人可以试着说：“这是小淑女（小绅士）不会做的事，这样会让你变得很丑。如果你想抠鼻子，告诉我，我会带你到洗手间处理。”

如果你的孩子是女孩，你可能会发现当孩子玩得非常兴奋或投入时，她们会无意识地用手把裙子撩起来，让内裤和肚皮露出来。此时孩子的性别意识并未完全形成，他们不知道这样做是不文雅的。但是无论他们是否还小，大人始终要教她们把裙子放下。因为大人需要让孩子们懂得一件事——端庄。端庄的目的是什么呢？它可以保护你的孩子，使她更安全，使她明白选择什么人分享她身体的美是一件非常重要的事情。当她把裙子撩到头上时，大人要告诉她：“在公共场合，我们不撩裙子。”然后，轻轻地帮她把裙子放下来。如果她穿裙子时跷起腿，那么大人也要提醒她不要这样做，因为这样做很不礼貌。如果她在操场上玩得正尽兴，而此时裙子飞了起来，那么，大人先不要去管她，因为这个时候，她正全身心地投入玩耍之中。过后再建议她下次去操场时，还是穿短裤较为方便。如果大人直接给她穿上短裤而压根儿就不告诉她穿裙子的注意事项，也就忽略了这一课。很多时候，女孩子都是喜欢穿裙子的，因为她们觉得这样更美。但是在运动时，为了孩子的安全着想，大人还是应该建议女孩穿短裤。

培养孩子的书写和阅读能力

书写对于孩子的书面表达能力与口头表达能力均起着至关重要的作用。书写还是一个重要的交流方式，在精确表达人内心的想法上，它仅次于表达。书写的产生是语言发展的必然结果。书写中有很多字母和符号，先学会描摹它们，是孩子学会正确书写的第一步。这些字母和符号只是语言的特定代表而已，描摹起来并不困难，孩子不仅要把这些符号描摹出来，还要保证书写的正确性。

父母可以为孩子准备一些有助于培养他们书写能力的活动。为了便于他们学习书写，父母可以为孩子提供相应的工具让孩子进行练习：用几何图形嵌板画图，用字母板摹写字母，在沙盘里写字，在黑板上写字，玩贴字母游戏，在字母线上摆字母，连虚线画图案，制作立体文字，记录菜单，制作海报，写邀请卡，在笔记本上写日记等。

孩子在练习书写的时候，很容易从中找到快乐。如果对孩子的书写教育方法得当，那么在正确教学法的引导下，孩子就能把语言转变成文字符号。

在一所儿童之家里发生的事情：

第一个学会写字的孩子是那么的惊奇，以致他高喊着："我已经会写字了，我已经会写字了！"孩子们兴奋地围上去看着他用粉笔写在地板上的那些字。

"我也会，我也会！"他们叫嚷着跑开，各自寻找着书写的地方。有的人簇拥在黑板的周围，有的人趴在地板上，他们都开始练习写字，他们想要写字的欲望就像一股急流，再也不可阻挡。

他们在家里到处写，门上、墙上甚至面包上都留下了他们勾画的痕迹。这些孩子只有四岁，他们在书写方面显露的才能是我们完全没有料到的。

我们完全怔住了，仿佛目睹了一个奇迹的诞生。在这以前，我们曾收到一些插图精美的书籍，但现在当我们把这些书籍发给这些孩子

时，他们对这些书籍表现得很冷淡。他们知道，虽然这些书中有精美的图片，但现在这些东西只会使他们分心，使他们不能全神贯注于书写这项新的、吸引人的工作。

此时此刻，可以肯定的是，他们想要写字而不是要看图片。因此，我们决定撤开这些书，等待一个更有利的时机来培养他们对书籍的兴趣。

在和孩子接触中，我渐渐得出这样一个结论：孩子们不大喜欢阅读别人所写的东西，这很可能是因为他们还不能读出这些字的缘故。因为，当我大声地念出他们所写的字时，大多数孩子会转过脸来愣愣地看着我，似乎在问："你是怎么知道的？"

当我意识到这一点之后，开始有意地引导孩子们把读和写结合起来。比如，当我在一张白纸上写字时，他们注视着我的手，并逐渐认识到，我正在用说话以外的方式表达我的思想。他们一认识到这点，就开始拿起我写过字的那些纸，把它们带到角落里，试图阅读它们。他们只是默读这些字，并未发出声音。在他们这样做的时候，我发现，那些由于努力思索而紧皱的脸蛋突然露出了一丝笑容，并且他们开始高兴地蹦跳起来。

面前的情景告诉我，他们已经理解我所写的这些字了，我所写的每一个句子都包含有一个我曾经用口头语言表达过的命令，"打开窗户""到我跟前来"，等等。这就是他们阅读的开始，他们最终进展到能够阅读包含有复杂命令的长句子。

但另一方面，这些孩子似乎只把书写理解成表达自己思想的另一种方式，就像语言本身一样。

当参观者来到时，过去在致欢迎辞时喋喋不休的孩子们，现在大多数都保持安静。他们会站起来，走到黑板前写“请坐”“谢谢你们来访”，等等。他们渐渐迷恋上了书写。

比如，有一天，我们正在谈论西西里岛所发生的巨大灾难：地震彻底毁了这个城市，导致数千人死亡。这时，一个大约五岁的孩子站起来，走到黑板前写道：“我感到遗憾……”我们注视着他，估计他将对所发生的事情表示一些看法。然而他继续写道：“我感到遗憾，我只是一个小孩。”在成人看来，这肯定是一种奇怪的言论，不过这小家伙又接着往下写：“如果我是大人，我就会去帮助他们的。”

瞧！他已经写出了一篇小文章，我们甚至能通过这些文字得知他内心的善良。

还有一件更令我们感到惊讶的事情。

当我们正在准备一些材料教孩子识罗马字母时，这些孩子开始阅读在学校中所能发现的一切印刷体的文字，虽然有些文字很难辨认，例如日历，因为日历上的字是用哥特体的铅字排印的。同时，这些孩子的父母也跑来说，他们的小孩在街上停下来读商店招牌上的文字，因此这使他们无法跟孩子一起走路。

很明显，这些孩子更感兴趣的是理解这些字而不是阅读这些字。这使我们认识到，如果我们匆匆忙忙地对孩子解释这些印刷符号，很可能就会扼杀他们的阅读兴趣和强烈的探究意识。过早地强求他们通过阅读书本来识字，也会对他们产生消极的影响。追求这些并不很重要的东西，会削弱他们生气勃勃的心灵。

于是，在很长的一段时间里，这些书一直保存在柜子里，直到后来孩子们自发地阅读这些书。那是以一种很有趣的形式开始的：

一天，一位孩子很激动地走到学校里来。在他的手中捏着一张被揉皱的纸，他悄悄地对另一位同伴说："你猜这张纸上有什么东西？""什么也没有，这只是一张破纸。""不，这张纸上有一个故事。""有一个什么故事？"这吸引了一群好奇的孩子。这个孩子拿着这张从一堆废纸中捡起来的书本上散落下来的纸，开始读起来，他读了一个故事。

于是，他们理解了一本书的意义，书本成了他们迫切需要的东西，然而，当孩子发现书本中有些内容读起来非常有趣时，许多孩子就会把这一页撕下来带走。那些可怜的书啊！在它们的价值被发现的同时，它们本身竟也开始遭到破坏。

学校的秩序变得混乱起来，在孩子能书写并学会尊重这些书本之前，我们必须阻止这些由于喜爱读书而变得具有破坏性的孩子。

安静，对提升孩子的教养大有裨益

让孩子安静并不是让他们沉默不语，我们或许很容易让孩子闭上嘴巴，但这只是个假象，孩子并没有真正安静下来。唯有心灵的安静才是真正的安静，才能帮助孩子进入良好的学习状态。

有一天，一位母亲抱着四个月大的女儿来到儿童之家，我接过那个女婴抱在怀里。那个女婴有一张胖乎乎、红扑扑的小脸，真是讨人喜欢。她那种安静的表情让我印象深刻，我决定要孩子们看看她的安静，让他们明白心灵的安静对成长的积极作用。

我就对孩子们说："你们看，这孩子是多么安静啊！"这时班里所有孩子都聚精会神地专心听我讲话，努力领会我的意思，这让我感到很意外，我没想到孩子对这个话题这么感兴趣。我继续对孩子说道："你们没有人能够像她这么安静，你们听她的呼吸多么轻啊，你们有谁能像她这样安静地呼吸呢？"

所有的孩子都开始屏气凝神，像婴儿一样，那一刻教室里出奇的安静，连挂钟的嘀嗒声都能听得清清楚楚。孩子都屏住自己的呼吸，安安静静地坐在位置上，仿佛一个深沉的思想者那样专注而宁静。这种安静的氛围着实让人感动不已，这个时候，那些平时听不到的细微的声音，比如远处的滴水声和鸟鸣声，现在都能听到了。

从此以后，我对安静练习就逐渐重视起来，因为我发现让孩子安静下来有很多益处。

一天，我想我可以用这种安静练习来检验孩子听觉的灵敏度。于是，我开始在不远处低声叫他们的名字。孩子们听到自己的名字就必须走到我跟前来，走的时候不能发出任何声响。我想，这种安静的练习对这些孩子来讲是一种磨炼，因此，我带了一些糖果和巧克力，用来奖励那些达到要求的孩子。但是出乎我的意料，他们拒绝拿这些糖果。他们仿佛在说："不要玷污我们美好的体验，我们的心灵一直是欣喜的，不要分散我们的心思。"

我终于认识到，孩子不仅对安静敏感，并且对叫他们的声音也很敏感，即使这种声音在安静的环境中几乎很难听到，他们也会踮起脚尖慢慢地走过来，并且小心翼翼地不碰撞任何东西，以免发出声音。

后来我又认识到，每一项含有纠正错误的意义的练习，例如这种以安静制止噪声的练习，对孩子而言都是极有帮助的。重复这种练习能使孩子表现出完美的行为，而这些仅仅通过语言教育是难以获得的。

我还很喜欢和孩子们玩一种游戏——走线游戏（让孩子沿着画好的线走路），这是帮助孩子安静下来的一个好方法。这个游戏能够使孩子的心完全沉静下来从而专心致志地走路，还能锻炼孩子的眼、手、脚、腿等身体各个部分的协调能力，并能培养孩子专注工作的能力。

这个游戏要求孩子走路时双眼直视前方，脚跟挨着另一只脚的脚尖，一步一步踩在线上缓缓向前走。走线的时候孩子要控制好自己脚部、腿部的肌肉，还要时刻注意自己身体重心的位置，保持身体平衡，不能左晃右晃。

持物走线游戏（在走线的时候让孩子手里拿些东西）的难度更大一点，对孩子的要求也更高一些，孩子不仅要注意脚下动作的协调性，还要注意手要保持一定的姿势，比如：烛台不能倾斜，否则蜡烛油会滴在地板上；风铃晃动会发出声响；高脚杯不能歪，否则里面的水就会洒出来……完成好这个游戏需要孩子有专注的精神和平静的心态，这样才能做到心神合一。

安静是一种修养、一种自律、一种专注，更是一种学习习惯。孩子只有在安静的环境中和平和的心态下才能顺利地从外界吸取真正的知识。因此，让孩子学会安静，对孩子一生都起着非常重要的作用。当然，安静对于培养孩子的自律精神，提升孩子的教养也大有裨益。

孩子优雅的语言习惯需要大人不断地引导

孩子们常常需要父母提醒他们降低说话的音量，尤其是他们激动的时候，会吵得你想发疯。你不要试着喊：“轻点儿！”这只会适得其反，最多安静一小会儿之后，孩子们的吵闹声就会变本加厉。对孩子有效的劝诫应该是：“不要用你的嗓门说话，请用你的内心说话。”

一般来说，一个在家会令父母几乎发疯的孩子一旦到了公共场合就会变成一只胆小的老鼠。这个时候，大人要用平和的语调告诉他：“我没办法听见你说话！”或者说：“你这样讲话我听不到呀！再大声说一遍好吗？”如果当你的孩子没有发出呜呜声而是清晰地说出了他的想法时，你应该夸奖说：“我喜欢你这样正常说话的音量。”

孩子们也喜欢尖叫，有很多孩子在受到阻碍时就发出尖叫。比如两岁的孩子在情急之下会什么都不说，而大一点的孩子会装哭，还有的会发出尖叫。如果你的孩子是这样，有两种解决的办法：“你尖叫时，我会说‘不，请你找个好点儿的办法来要你想要的东西。”“如果你尖叫，我就没办法帮助你，你要试着把问题讲出来。”不要因为孩子尖叫或发脾气就妥协，有时候如果大人坚持一段时间，孩子最终会改掉坏习惯。

对孩子来说，只要成人的引导正确适当，让他们礼貌而文雅地生活是很简单的事。

要做到这一点，成人可以从正确引导孩子的发音做起。许多孩子因为深受成人的娇宠，常常故意娇滴滴的说话，从而讨得成人的欢心。其实这是孩子希望被成人呵护疼爱时惯用的伎俩。但是这种语言习惯对孩子影响很不好，特别是当孩子在公共场合说话时，这种说话方式会让人很反感。

成人要教育孩子，平时不要娇滴滴的说话，要告诉孩子长期这样说话，声带就会得不到正确锻炼，往后说出的话就会软绵无力。你可以这样告诉孩子："你说话的声音像个小孩子，但是你已经是大人了，不能再这样说话了。"要尽量让孩子用柔和自然的声音来说话和唱歌，这对培养他们良好的语言习惯很有帮助。

当孩子听到发音不完善的单词或话语时，就会按自己猜想的错误的方法去使用语言。有些孩子地方口音很重，发音不标准就属于这种情况。当然，还有许多语言方面的坏习惯，让孩子儿童期口头语言的缺陷保留了下来，甚至孩子模仿的天性还会刺激他们去模仿他人的语言缺陷。

说话是靠口腔肌肉运动一点点熟练起来的。一旦那些必要的肌肉运动未能完善，就会出现各种语言问题。发音不标准或者缺词的情形都属于口齿不清的范畴，主要因为孩子还不能熟练地运用自己的舌头。

有些孩子在发元音和辅音时有缺陷，这是由于孩子没能够很好地重复那些正确的发音，或者是他们没能听清楚正确的发音。这些缺陷在孩子成长过程中经常会持续很久，最终导致孩子犯一些语言上的错误。这种错误在语言表达中表现得很明显，比如我们的口音问题。

一个人如果真正明白语言的魅力，就会觉得那些没有掌握正确发音的人是不完美的。所以，培养孩子的语言能力，让孩子文雅地说话就显得非常重要。

懂礼貌的孩子，才显得有教养

无论成人还是孩子，如果非常懂礼貌，在与他人交往时对方会产生一种被尊重和被关心的感觉，对方对他们的好感也倍增。让孩子懂礼貌不是一件难事，只要父母经常对孩子进行礼貌教育，并将该教育渗透在日常生活中，孩子自然就在潜移默化中受到良好的熏陶，能够成为一个懂礼貌、大方得体的人。

孩子们美好的内心世界需要表达。而一些礼貌用语大人很早就应该教给孩子。比如大人可以教孩子用“请”和“谢谢”这些词，同时让他们知道这些词会带给人们愉快的感受。也许这个习惯的养成需要孩子至少坚持练习五六年，但大人必须坚持教育孩子使用礼貌用语，直到孩子会用为止。

孩子对外界的认识最多来自于模仿。要知道，孩子越是常听到“请”和“谢谢”，越有可能在长大后使用它们，所以在家时，大人应该经常使用这些句子。对于两岁的孩子来说，他们已经明白了要使用礼貌用语的原因，所以大人可以试着提醒他“我没有听见你说‘请’，你忘记跟奶奶说‘谢谢’了”等。当他用到礼貌用语时，要及时表扬。大人可以将这些礼貌用语的字命名为“有魔力的字”，告诉他们这些字的魔力是什么，以此来引导他们，从而让他们形成使用的习惯。

当孩子三岁的时候，大人就要对其进行全面教育了。大人可以要求他们在请别人做事的时候一定要说“请”字，不听到“请”字就不能满足他们的要求。孩子们会对这样的要求形成习惯，当你发现自己的孩子对别的孩子解释什么是有魔力的字的时候，其实说明孩子已经渐渐形成使用礼貌用语的习惯了。要知道，教育应该是有意识地积极主动地进行的。大人首先必须确保在日常生活中，自己能够以身作则地运用“请”“谢谢”等文明礼貌用语，同时确保无论何时何地，自己的孩子与他人交谈时，自己都能提醒他运用“请”和“谢谢”。

大人不要放过任何一个能够体现自己的修养和礼貌的机会。而文明礼貌在公共场所显得尤其重要。除了言谈举止要文明礼貌外，父母

还要教育孩子爱护公共财产，保护环境卫生。例如，在商店或街上，当你买完东西或者与他人交流完之后，也要说“谢谢”，而对自己的孩子，也应该这样要求。如果孩子只是小声地说“谢谢”，你还需要加上一句：“别人很难听到你所讲的，请讲清楚一些好吗？”大人应该有意识地通过自己的行为去培养孩子在公共场所的礼貌意识，比如走路时大人要注意自己的体态、姿势，还要教育孩子不要在公共场合嬉笑打闹；对遵守交通规则，大人要以身作则；遇到熟人也要热情地与他们打招呼，不能视而不见，要给孩子树立好榜样；与熟人交谈，大人应注意选择靠街边或者到角落的位置，不要站在道路中间或人多拥挤的地方；如果向别人问路，也要运用礼貌的语言，如“对不起，打扰您一下”“请问”等，大人还要告诉孩子，应该选用适当的称呼与对方打招呼，如“老爷爷”“阿姨”“叔叔”等，得到满意答复之后一定要说“谢谢您”；如果大人与孩子一起被陌生人问路，大人应该尽量认真、仔细回答，如果自己不清楚，也应该如实告知，并表示抱歉；与孩子一起到商店购物，也不可以对营业员颐指气使，而是要用礼貌语言，忌讳用“喂”“嗨”等字眼，购物之后也应说“谢谢”；带孩子去电影院，也要给孩子树立好榜样，不大声喧哗，吃零食产生的垃圾要带走，如果迟到，也要告诉孩子入座时走姿要低、速度要快，不要挡住别人的视线；如果欣赏音乐会，也要教会孩子尊重演员，适时礼貌鼓掌，而且在演员谢幕时不能提前退场，等等。

同样，当我们不小心侵犯了别人时也需要说“对不起”。而“对不起”是一个很有用的用语，它使你能优雅地处理生活中的事件，也可以化干戈为玉帛，所以对孩子我们更加推崇这一用语，告诉孩子响亮地说出“对不起”是有必要的，这表明他已经认识到自己的失误，同时也是给别人的一种语言上的补偿。一个敢于说“对不起”的孩子，其实是非常勇敢的。

要是孩子常常出口成“脏”，大人可能需要反省自己。一种可能是你平日的语言中不礼貌用语的出现频率比较高，另一种可能是孩子周围的环境也存在许多不好的词汇。这些话多少带有攻击性和冒犯。一旦你听到不礼貌的话或更过激的言语，你应该向孩子指出好孩子不会这样说话，但如果你反应过于强烈，可能你会发现你的孩子会说出更“脏”的话来反抗你。所以，大人应该告诉孩子：“这样说话是没有教养的表现，别人都会讨厌你。”大人要注意尽量用最简单易懂的语言把原因向孩子解释清楚，而且要以身作则，坚决杜绝自己脏话连篇。

不仅仅是一些文明礼貌用语，平日里大人对生活的态度也对孩子良好习惯的养成起着至关重要的作用。要记住，无论孩子的表现是否令自己满意，大人都应该保持良好的态度，用理智的情感去教育孩子，不惊不怒、从容平和。这种从容和理智是为人父母者非常可贵的品质，不仅对父母自身有益，对孩子优雅从容的气质的养成也非常有利。因为每一次盛怒背后都要付出巨大的情绪代价，而且在这种情绪影响下的孩子也容易变得神经质、缺乏礼貌。而在父母平和的教育之下，孩子的性格会平稳地发展，孩子为人处世也能变得成熟理性。

优秀的父母还要学会培养孩子宽广的胸怀，如果孩子心胸狭窄、容易生气、斤斤计较，必然会影响自己的家庭生活；而孩子胸怀宽广，就会容纳别人、欣赏别人、宽容别人。这样的孩子，才是一颗真正的钻石，他的礼貌和优雅是由内向外散发出来的，丝毫不做作、虚伪。

教养，从孩子的生活习惯开始抓起

让孩子生活能够自理，是教育孩子的重要课题。父母要让孩子学会自己管理物品。在孩子还小的时候，不必为孩子提供太多的玩具，只需一两件即可，随着孩子年龄的增长再逐步给孩子增加。另外还要教给孩子，每当游戏结束时要将自己玩过的玩具放回原处。

成人可以和孩子一起制订一些使用和管理玩具的规则，并在生活中执行下去，这样会更加强化孩子的秩序感。但是一定要有始有终，如果不能始终如一地遵守规则，反而会给孩子造成负面的影响。孩子有敏感性、秩序性，也很愿意规整自己玩过的玩具，父母只需稍加提示，孩子就会学着做。另外，父母可以在一些特定的日子里，用送礼物的方式送给孩子一些玩具，这样将会给孩子留下深刻的印象，促使孩子学会珍惜爱护自己的玩具。

孩子良好的卫生习惯不是短时间能够培养起来的，需要成人不断提醒和督促。为了让孩子拥有好的卫生习惯，可以采用一些有趣的方式。比如，为了让孩子更好地掌握洗漱的方法，父母可将洗漱过程编成儿歌，如洗脸歌、洗手歌、刷牙歌等，教给孩子唱，他们在唱歌的时候，也就慢慢懂得了如何洗漱。在指导孩子玩沙子游戏时，可以对孩子进行有关沙子的卫生教育。比如在玩沙时或游戏结束后，可以组织孩子讨论“为什么不能用脏手揉眼睛呢”“沙子能弄到衣服和鞋子里去吗”“弄进去了又该怎么办呢”等问题。成人要有耐性，通过不断地巩固、重复，才能让孩子养成良好的卫生习惯。

与培养孩子的卫生习惯相似的，孩子的餐桌礼节、用餐习惯也应当选择适当的时机及早加以教育。六个月以上的孩子慢慢地学会了吃东西，但他们容易将食物撒得满地都是，这时父母要给孩子做示范，耐心地教孩子如何使用餐具，教孩子掉在地上的饭粒要及时捡起来。同时，桌上要铺不容易滑动的桌巾，并且不要放花瓶之类容易摔碎的东西。在孩子双手所能够着的空间，只放孩子的餐具及食物。

一岁以上的孩子，有时仍会用手来抓食物吃，父母对此不能急躁，孩子学会使用餐具需要很长的时间，父母要多给孩子鼓励，让孩子有学习使用餐具的兴趣。另外，边吃边玩要不得，不要让孩子一边吃饭一边玩，这样不但影响肠胃消化，也会让孩子失去对食物的兴趣，更重要的是，这样还失去了一家人共同进餐时交流情感的机会。

当教孩子摆桌子、洗碗等技能时，父母也要有耐心，开始的时候，父母必须认真准确地教孩子应该怎样做。

我们不要总觉得孩子还太小，很多事情他们做不了。其实像吃饭、穿衣这样的事情，孩子完全可以胜任，父母从小就可以教他们了，一点点培养他们自己吃饭穿衣的能力。比如穿衣，首先要从培养孩子穿戴整齐开始。父母要教孩子衣裤要平整，外衣扣子要扣好，从而逐渐培养起他们自我生存的能力。其次，要根据孩子的年龄特点逐步进行教育。当孩子一岁的时候，就可以教他穿衣戴帽了，但是很显然不能强求一岁的孩子能真正自己来穿衣。这样教他的目的是让他在一岁的时候就开始养成好的习惯。

刚开始，我们可以和孩子共同完成穿戴，让他们做一些简单的事情。比如帮孩子脱去一只袖子后让他自己接着脱掉上衣；或者让他们脱掉已经拉到膝盖的短裤；或者教孩子穿鞋前将鞋先摆好，这样他们就不容易弄错左右脚；教孩子系鞋带时，父母先把鞋带穿进系带的洞里，然后在带子末端钉上扣子，这样教孩子的时候，他直接把鞋带钩到扣子上就完成了。

在教孩子的同时，成人不能“光说不练”，应该先为孩子示范，然后再让孩子自己练习。为了提高孩子对自己穿衣的兴趣，我们可以一边教孩子一边讲有趣的故事，或者给他们讲解衣物的名称、颜色和穿衣的动作。

如果孩子更大一些，还可以引导孩子根据天气自己添减衣服，并准备相应用具，使他拥有独自生活的能力。比如，父亲可以这样引导孩子，“明天有雨，去学校时要带什么”，“明天降温，你要不要穿厚点的衣服”，这样的引导能够帮助孩子尽快融入生活中来。

我们还可以编一些穿衣戴帽的小故事，讲给孩子听；或者做些小游戏和孩子一起玩，这样做既可以提高孩子的兴趣，也可以进一步提高孩子穿衣戴帽的能力。比如，成人可以找一些画有孩子的图画，最好找那些有差异的图画，里面的孩子穿着不同季节的衣服。然后，成人就可以指着图画问孩子“这些小朋友，谁的衣服穿得最漂亮”，“那个小朋友衣服是不是不整齐”。利用这类图画，可以培养孩子细心观察、辨认细微差别的能力。同时通过成人的讲解，也可以帮助孩子认识到自己应该如何正确穿衣。

可能大家都知道，教孩子自己穿衣、洗衣、吃饭是一件多么枯燥乏味又费心费力的事情，远比替孩子完成这些事情更需耐性。为孩子代劳看起来非常简单，但这极大危害了孩子的成长，会成为孩子成长道路上的障碍，最终阻碍孩子的自我成长。

第六章 让孩子在锻炼中培养出好性格

让孩子在行走中逐渐成长

成人应该放弃自己的思维方式，让自己尽量满足成长中孩子的需求，而不是让孩子按照成人的意愿成长，只有这样才能保证孩子成长的道路更加顺畅。

就拿孩子行走能力的发展来说，孩子并不是单纯地等待这种能力的降临，而是通过自己的不断实践来获得的。可以说，孩子的第一步是对自然的一种征服，标志着孩子从此真正融入社会。

学会走路对孩子来说犹如第二次降生，他们从依赖他人、不能自理的人到一个拥有自己的独立行动能力的人，这番成功，是孩子正常发展的主要标志之一。但迈出这第一步之后，他仍然需要经常实践才能将这种能力巩固，让自己的步伐能够更平稳。

当然，这其中就需要孩子付出更多的努力。当孩子试图走路的时候，他是勇敢无畏的，甚至在尝试中还会表现得有点儿莽撞，就像一个真正的士兵，不管遇到什么困难，他都会勇往直前。孩子追求目标的这种强烈冲动，常常会使成人感到担心，因为成人害怕他们这种横冲直撞的举动会给他们造成伤害，于是成人会用防护设施把孩子围起来，比如说，将婴儿放进手推车里，或者放进学步车内。

当成人带孩子外出时，即使孩子已经能够走路了，成人仍把他放在手推车里推来推去；由于孩子的腿短小，没有耐力走长途，他就必须使自己适应那些拒绝降慢步速的成人。即使带孩子外出的成人是保姆，也是孩子去适应保姆，而不是保姆去适应孩子。保姆按照她自己的速度推着载有小孩的手推车，直接走到室外活动的目的地，似乎她推的是装蔬菜的小推车，而不是载有孩子的手推车。只有当她到了公园时，她才会让小孩走出手推车，在草坪上走动，但是她的两眼始终注视着孩子。她所做的这一切仅仅是为了避免可能发生的危险事故。

成人这种小心翼翼的态度，确实是一种对孩子成长的关心，但不可否认的是，成人这样做忽视了对孩子内在精神发展的关心。

在动物界，我们经常会看到这样的现象：较年长的动物总是本能地使自己的活动适应幼崽的需求，当一头小象被他的母亲带入成年象群时，成年的大象总会把自己的步伐降到幼崽的速度，当小象因疲劳而停下来时，它们也会停下来。

然而，这些连动物都能做到的事情，能够做到的成人少之又少。

这少数人对孩子的理解，为我们提供了一定的借鉴素材。比如一位爸爸在跟儿子散步的过程中，就是这么做的：

一天，一位父亲带着他年幼的儿子散步，突然这个不到两岁的儿子用手臂抱住了父亲的腿。于是，男人就站在那里不动，让孩子围着他的腿转。当儿子玩累了，停止这个游戏之后，两个人又开始了缓慢的散步。后来，孩子又被路边的野花和小昆虫吸引，跑去观察这些东西了，而孩子的父亲只是和蔼地站在一旁等待着他，既不呵斥也不催促。

这个散步的过程，看上去是那么的和谐自然。这对父子的散步方式就是值得我们学习的。因为在孩子和成人散步的过程中，孩子是在尝试用两条稚嫩的双腿尽量动作协调地向前行走。他在行走的过程中不仅锻炼了腿部肌肉，也顺便学会了观察和认识眼前的世界。

有一对夫妇，他们最小的孩子只有一岁半。夏季当他们到海边去的时候，他们必须沿着一条陡峭的路走差不多1.5千米的下坡路，推车或马车显然是无法通行的。所以，年轻的父母要自己抱着小孩，但他们发现将孩子抱在怀里走路实在太累人了。

最后，还是孩子自己解决了这个麻烦，他步行或者奔跑，走完了全程。他时而伫立在花边，时而坐在草坪上，时而站着看一些动物。有一次，他呆呆地站了将近15分钟，凝视着一头驴子。孩子缓慢地行走在这条路上，似乎每天都可以毫不疲倦地往返于这条漫长而艰难的道路之上。

一岁半到两岁大的孩子可以走好几千米路，或进行爬斜坡和登梯子等有一定难度的事情。然而，跟我们成人相比，他们的行走有着截然不同的目的。成人行走是要到达某个目的地，所以他们常常会迈着稳健的步伐大踏步地直接走到那里；而孩子的行为则是为了完善自己的能力，他们走得比较缓慢，并且还没有一种有节奏的步伐，甚至不能使自己的步伐走向最终的目的地。他们的行动往往会被他们所接触到的周围的物体吸引。如果成人想帮助孩子，就必须放弃自己的速度和目标来配合孩子。

现实生活中，我们经常会看到滑梯上总是挤满了孩子，他们登上登下，爬来爬去，乐此不疲。

他们这样做不仅使自己的腿部运动变得协调，也大大开发了大脑。尽管这样做可能会有一些危险，但至少他们的行动不会变迟钝，孩子也会变得活泼而且充满活力。要知道，唯有配合孩子的精神发展，才能使他们得到更大的助益。

不要束缚住孩子的双手

手不仅是一个人心灵的展现，还是使人与环境之间建立起某种特殊关系的桥梁。我们可以说，正是依靠手，人类才征服了环境。在大脑智慧的指引下，人类用手改造了环境，进而改造了世界。因此，我们也应该满怀热情地期待孩子能够伸出自己的小手，去拥抱世界里的一切事物。

当孩子第一次举起他那双充满灵性的小手时，他们就对这个世界充满了向往和渴望，他们急切地想投入世界的怀抱。对于孩子的这一举动，父母应该表示由衷地欣赏并加以鼓励。但是我们似乎总是担心孩子的小手握住的东西对他们是有害的，甚至还想办法尽力掩藏这些东西，不让孩子看到，更不让他们触摸。

“不要碰它”就像“不许动”“静一静”之类的口头语一样，成为我们成人嘴里不断出现的命令，这些命令让孩子变得畏畏缩缩。

我们要知道，孩子从事的任何活动都不是偶然发生的，每一次活动都是孩子在自我意识的指导下，进行的协调性训练，或者说是协调性的工作，并让自己在重复之中不断积累经验，进而完善自己的心智。在活动中，孩子的各项能力发展得更为完善，我们应该让孩子根据自己的想法自主地选择想做的事情。

有个两岁左右的孩子，看到小桌上摆着一摞熨得平平整整、叠放整齐的毛巾。他小心翼翼地用一只手把最上面一块托起来，又用另一只手按住其余的毛巾，防止剩下的毛巾变乱。然后，他用手小心翼翼地把这块毛巾从这个房间托到了另一个房间里，并把它放在另一张小桌子上，嘴里还叨念着：“一块。”然后他又返回原来的那个房间，又像拿第一块毛巾那样拿起了第二块毛巾，用同样的方式把它放在了第一块毛巾上，而且又说了一遍：“一块。”

接下来，这个孩子就一直不断地重复着这项活动，直到他把这个房间里所有的毛巾都转移到了另一个房间。然后，他又把所有的毛巾一块一块地托回了原地并重新摞了起来。虽然毛巾摞得有点倾斜，摆放得不如原来那样整齐，不过每一块基本上还保持着原来的样子，折得还是挺齐整。

“盖瓶盖”也是孩子非常喜欢的一项活动。顾名思义，这项活动极其简单，就是取下瓶子的盖子然后再盖上。这项简单的活动非常受孩子的欢迎，因为他们能从中找到无穷无尽的乐趣。孩子对那种能够折射出阳光，焕发光芒的瓶盖特别着迷。那些五颜六色的瓶盖，也能吸引他们的注意，他们喜欢将瓶盖拧下来仔细观察。

孩子对“盖瓶盖”这样的活动乐此不疲，最常见的就是把墨水瓶盖子拿下来再盖上去。这项活动看似简单，实际上却提高了孩子通过动手去探索世界的能力。

即使很小的孩子也有自己简单的动手能力。比如将近一岁的孩子很喜欢扔东西，孩子这么做并不是为了破坏，而是因为他们在这个行为中逐渐认识到自己的力量。他把手中的东西一次又一次地扔到地上，这个不断重复的简单动作让他们获得了心理上的满足。

我们还发现，孩子把扔东西当作一项简单的科学实验，他们扔东西的目的是想看看东西被自己扔出去以后，会不会有什么变化。他们会探索物体在扔前与扔后有什么不同，比如，把铃铛扔到地上会发出一种很响的声音，但把布娃娃扔到地上就一点声音都没有。孩子从扔东西这个简单的动作中能够发现各种物体的不同属性，从而增长知识。

在孩子扔东西的时候，父母往往会选择帮忙捡起来，结果发现孩子会扔得更开心，孩子已经把这种活动当作一种游戏，所以才会对这项活动乐此不疲。父母可以把孩子放到干净的地板上，让孩子把东西扔出去，再自己捡回来，这样孩子也不会太依赖大人。父母还应该教育孩子什么东西可以扔着玩，什么东西不可以扔。对孩子们喜欢扔东西这个行为，父母应该加以正确的引导，把这个行为恰当地应用到生活当中去：例如，让孩子与父母一起玩皮球，教孩子把垃圾扔到垃圾箱里……

这个年龄段的孩子还喜欢做一件事情，那就是撕东西，如撕书本、报纸等。孩子通过撕纸张这个行为，能够看到纸张在撕之前和撕之后的变化，同时也能感觉到自己强大的力量并找到自信。

一般来说，孩子在一个时期比较喜欢扔东西、撕纸片，但这个时期不会持续特别长的时间。过了这一时期，孩子撕纸片、扔东西的习惯会慢慢地消失，因为孩子已经开始学会如何正确地玩玩具、阅读书籍，这比扔东西或撕纸片更容易获得心理满足，他们的兴趣点也随之转移。

孩子的任何一项活动，哪怕是一个微小的动作，都不是无目的的，而是有一定原因的。尊重孩子的双手吧，让他们去做自己想做的事情。每一个孩子都能通过双手不断增长知识，在活动中进行自我塑造，并不断地完善自我。

劳动是一种游戏，更是一份有趣的工作

对孩子来说，做家务既是一种工作，也是一种游戏，但父母往往把日常家务和玩耍分开，认为让孩子做家务就是在浪费他们的时间和精力，减少了他们从事其他智力活动的时间。

对成长中的孩子来说，做家务和玩耍并无绝对的分别。父母要知道，任何工作都有助于孩子的身心发展，也能锻炼孩子的协调能力，促进他们的身体发育。因此，不要把家务看成枯燥的工作，如果孩子要求参与，而且这些家务又在他能力范围之内，就不妨让他去尝试。孩子一旦觉得某个工作有趣，那它就是他的游戏。

孩子完全有能力帮助成人做一些简单的家务，他们也能从中获得自信和成就感。适合孩子做的简单家务有很多。比如，让孩子和父母一块儿收拾玩具，然后将玩具放在相应的架子上；妈妈在整理衣物时，可以让孩子把杂乱的袜子配对；妈妈在做饭的时候，可以让孩子帮忙摆放餐具，或者做点简单的清洁工作：擦亮锅具、擦碟子、拖厨房的地板、收拾床铺、清洗浴盆、清除吸尘器里的脏物、打扫台阶、用洗涤剂清洗地毯等，都可以让孩子去做。

让孩子把这些工作当作游戏来做，告诉孩子今天打算做的家务，并向孩子说明哪些是必须做的。每一件家务，父母要为孩子详细解释清楚应该怎么做，告诉孩子他能帮父母什么忙，并且要向孩子强调干活时的注意事项。比如，擦家具时，可以对孩子说："我们要小心地把装满水的盆子放好，如果盆子掉下来或者放歪了会发生什么事？"孩子就应该能回答："这样盆子里的水就会洒出来，把衣服或地毯弄湿。"如果孩子能够这样回答，说明他已经开始思考做家务时应该注意什么了，对孩子来说，能这么思考是多么难得啊！

在儿童之家，我们会教孩子进行一些家务劳动的练习。比如收拾餐桌、整理和清扫房间、在厨房里给厨师帮忙。

在这里，给厨师帮忙算是最有趣的事情了。

进行这项活动时，我们不要求所有的孩子都去厨房帮忙。事实上，一次这么多孩子去帮忙，厨房根本就没有那么大地方容纳他们，也没有那么多事情要他们做。

一般而言，我们会将孩子分成几组，让他们自由选择做什么或者轮流做不同的事情。比如有些孩子清扫房间，有些孩子布置餐桌，有些孩子在厨房帮忙。

当然，有时也有些孩子不想做这些事情，我们就尊重他们的意愿，让他们在教室里操作自己喜欢的教具。

还没到厨房师傅开始做饭的时间，那些分配到厨房的孩子就涌进厨房去，争着找活儿干。他们有的拿起扫帚打扫卫生，有的开始洗碗碟，有的帮助师傅择菜，有的帮助师傅洗菜……一个个都忙得不亦乐乎。

不过最初的时候，这些孩子总会给厨师帮倒忙，比如把本来干净的碗碟弄脏，把好的菜叶扔掉、坏的菜叶扔到洗菜盆里，把厨房的地弄脏，等等。

事实上，孩子们最初才不管做这些事情的结果呢，他们只是关心做事情本身。所以，孩子们不管事情做得怎样，都干得热火朝天。这可辛苦了我们的厨师，因为在孩子们离开厨房后，他们得重新收拾乱七八糟的操作间。不过，我们的厨师也多少了解我们的教育模式，所以他们也小心地维护着孩子们的劳动热情。

当然，这种状况并不会持续很久，随着孩子们的动作越来越熟练，他们在厨房里的劳动也干得越来越漂亮。很多时候，他们真的是厨师的好帮手，帮助他们减轻了不少负担呢。

在你做家务时，可以为孩子准备一些小工具，让他帮着做。比如，给他一把小扫帚或一个小篓子，让他去打扫卫生。当孩子去倒垃圾的时候，成人就要特别对孩子讲清楚如何去做：“首先，把大垃圾桶的桶盖打开，然后把小垃圾篓里的垃圾小心地倒进去，最后再把大垃圾桶的桶盖盖上。”孩子对倒垃圾都很有兴趣，他们有很高的积极性去仔细完成这份工作。经常让孩子做这样的事情，对孩子学会有条理地做好每件事情很有帮助。如果爸爸在家里做修理工作，也可以让孩子过来帮忙，这样能够提高孩子的动手能力。

当孩子完成家务的时候，不要忘了对孩子适时地夸奖。你可以对着孩子擦得整洁的桌子赞叹，对倒掉厨房里的垃圾的孩子露出笑容，对孩子把每一件不锈钢餐具都摆放整齐表示满意。你要尽量把自己的夸奖向孩子表现出来，可以这样对他说：“现在餐具被擦得干干净净又摆放得整整齐齐，你真是太棒了宝贝！妈妈要谢谢你！”

除了和孩子一起做家务以外，成人还可以挑选一些与家务相关的影像资料给孩子看，让孩子树立帮助父母做家务的意识。比如，有一个叫作《爸爸妈妈的星期天》的录像片，第一组镜头是：星期天早上，爸爸正在扫地，这时小莎拉走过来说：“爸爸，我来拿簸箕帮你装垃圾。”妈妈买菜回来，小莎拉立即跑过去为妈妈开门。妈妈剥豆子，小莎拉又说：“妈妈，我来帮你剥豆子。”第二组镜头是：一家人在吃午餐，小莎拉帮着摆放餐具，爸爸妈妈看着开心地笑了。第三组镜头是：吃完饭，小莎拉帮妈妈收拾餐桌。爸爸妈妈都夸小莎拉是个好孩子。

让孩子做家务的好处很多，孩子可以通过做家务掌握新的词汇，在和父母的对话中能够学到诸如垃圾、拖把、汤匙、冲洗、打扫等词汇。所有的家务活都能够锻炼孩子的协调能力，使他们手脚灵活，并让孩子养成独立工作的能力和文雅的礼仪。

在生活中自己动手，才能更好认识自己

自然发展的过程中，孩子必然会产生独立的要求。如果我们在这个过程中给孩子提供有利的帮助，那么孩子就能够一步步走向独立。独立也是自由的前提，父母必须引导孩子积极地表现个性，帮助孩子培养独立性，让他们尽快独立。

从孩子断奶开始，我们就要不断努力，帮孩子走上独立的道路。断奶的孩子就是那些不再依赖母乳的孩子，虽然在此之前他们只能吃唯一的营养食品——母乳，但到了断奶的年龄，他们已经能够选择自己喜欢的食物了。此时，代替母乳的食品有很多，维持他们生存的食品品种也增多了。

与此同时，孩子也开始喜欢做很多事情，比如自己穿衣、扫地、梳头。他们甚至希望能有一套为他们自己准备的小家具，像小椅子、小桌子、小沙发、小衣架等。他们已经会主动地用自己的双手去改善自己的生活环境，让自己更快乐。他们不仅在行为上模仿成人，而且还努力将自己塑造成成人，这既是他们成长的天性，也是他们成长的使命。

出于抚养和关爱孩子的目的，父母总是无微不至地照顾孩子。然而，这不仅会奴化他们，而且会给他们带来伤害，因为这最终抑制了他们的独立性，破坏了他们有益、自发的行为。在有些成人眼里，孩子就像什么都不会做的布娃娃，所以我们就像对待布娃娃一样给他们洗澡、喂食，为他们做一切事情，但实际上却从未考虑过他们内心的真实感受。

当孩子遇到困难的时候，我们通常就会立即插手，帮孩子完成他们本可以自己做完的事情。或许我们也会默默地对自己说："孩子想要自己梳洗、自己穿衣服，但是别让孩子麻烦了，我就在这儿，我会帮孩子做任何事情。"这样，我们就剥夺了孩子的自主权。实际上他们并不希望我们这么做，因而会不高兴甚至反抗，但是我们会把他们的行为当作不听话，认为孩子不好相处。最终适得其反，但是我们却还总以为帮孩子做事是为了孩子好。

罗马一所儿童之家的吉安尼的母亲向我叙述了她家里发生的一件事。

四岁的吉安尼那段时间刚学会了拼写，于是那些天他不断地拼写，在学校里写，回到家也不停地写。

听从了教师的建议，吉安尼的母亲为孩子准备了一支铅笔和一些纸张，允许他随意地写。

吉安尼拼写的热情不减，周末在家休息时也几乎一天到晚地写。吉安尼是个很有力气的小男孩，他拼写很用力，那支铅笔妈妈帮他削

了许多次，每次削好他写不了一会儿铅笔头就秃了。在铅笔又一次用秃之后，吉安尼突然想自己削铅笔，他还没有自己削过铅笔，想尝试一下。于是，母亲在厨房里忙碌的时候，吉安尼拿起小刀开始小心翼翼地削铅笔。

就在这个时候，吉安尼的母亲走了过来，她看见了儿子的举动，吓得大惊失色。她知道那把刀子非常锋利，而儿子几乎没有用过刀子削东西。

“喂，吉安尼，你不要动！”母亲大声喊叫。

母亲的喊叫让吉安尼惊了一下，他停住了手上的动作。

母亲走上前一把夺过了刀子，严肃地说：“我来帮你削。你的铅笔秃了告诉妈妈，妈妈帮你，你自己削不好的。”

“我自己来，我自己来。”吉安尼抗议道。

“不行！会削伤你的手。我来帮你！”母亲毫不妥协，接着，她躲开儿子的两只小手，麻利地替他削好了铅笔。而一旁的吉安尼则开始大哭，很委屈地抹着眼泪。

“给你！写吧！”削好了铅笔，母亲将它递给了儿子。可这时，儿子虽然停止了哭泣，但他接过铅笔后生气地扔在了地上，拒绝书写。

吉安尼的母亲对儿子的举动感到莫名其妙，她很生气，责怪儿子任性。

事实上，吉安尼是想自己尝试削铅笔这件事，这是他要独立的一种表现。而母亲却因为怕伤了他的手而拒绝了他，也拒绝让孩子体验独自做事的快乐。

在这件事情中，正确的做法是：吉安尼的母亲不必拒绝儿子，她只要教给儿子安全使用刀子的方法，鼓励儿子学习和尝试，自己在一旁用心保护他即可。

如果父母像伺候主人一样照顾孩子，那么后果会非常严重。这样做，只会导致孩子因长期缺乏运动和自我锻炼，而身体变得越发虚弱，最终甚至会丧失各种自理能力，成为什么都不会做的人。他们只会命令别人为自己做事，思想也会变得极为迟钝。等到有一天，他们终于意识到自己的处境，渴望重新获得独立时，他们才会发现自己再也不可能独立了。

作为成人，我们不需要给孩子各种各样好玩的玩具，而是要给他们一个温暖的家，让他们快乐地生活；给他们一些小型工具，让他们在院子里耕作；给他们一些小朋友、小伙伴，让他们一起玩耍、体验生活，学会在不同的环境中生存。

我们不必过多地给孩子那些无用的玩具，而是要尽量多地给孩子一些现实中的物品。你会发现，他们对这些现实中的物品的兴趣远远超出我们的想象，你会被孩子那惊人的能力所震惊。久而久之，你会发现孩子显示出了自己独特的个性，变得自强自立，不再依赖别人的帮助。他们甚至会像成人一样清楚地表达自己的想法，让身边的人无比惊讶。

终于有一天，孩子可以大声说："我自己能够独立完成这件事情，不需要你们的帮助。"就这样，孩子变成了一个自立自强、不需要帮助的人，他们的独立能力完全超乎我们的想象。到了那时候，成年人只需扮演观察者的角色就行了。在自己的小小空间中，孩子有了巨大的收获，并且逐渐适应了周围的环境，融入周围的社会生活，并且还形成了自己独特的性格。

在我们儿童之家，孩子刚来学校时，母亲可以在学校里陪伴孩子几天，直到孩子比较适应独自在学校生活为止。

有一年夏天，一所儿童之家来了一个叫帕克的小男孩，他不到三岁，基本还不会自己吃饭。一天，吃中饭的时间，帕克的母亲和他一起坐在餐桌旁，以便帮助他吃饭。小帕克抬头发现周围的大孩子都自己吃饭，他觉得很好玩，也要自己吃。

本来帕克的母亲想帮助儿子吃——虽然我们一直鼓励母亲让孩子学习自己吃饭，但母亲怕孩子吃不好，仍忍不住要亲自喂他。

小帕克好像很没面子似的，母亲喂饭的行为似乎伤害了他的自尊心，她的做法让他很不快。于是，他从母亲手里抢过勺子，从眼前的饭碗里舀饭吃。

显然，帕克还不怎么会用勺子，不一会儿，他就弄得身上满是汤水，手上、脸上也有各种菜叶，而且吃得很慢。

看到儿子吃不着饭菜的样子，母亲很着急，于是抢过勺子要帮他。可帕克死活不让，还使劲地推了母亲一把，并且不小心将碗里的汤水弄洒了。母亲见儿子这样子，很生气，轻轻地打了他一巴掌。

等教师帮助帕克又盛了一小碗汤后，帕克的母亲又不由分说地拿起勺子，要喂儿子吃，可儿子闭住嘴巴，拒绝再吃，并一直嚷嚷着：“我自己来！”还一边不住地伸手抢勺子。

母亲说：“你来？你瞧你，还不会吃，怎么能吃饱？”说着，她不顾儿子的反抗和要求，强行喂他吃。

有意思的是，每次母亲要把饭菜送到帕克的嘴里时，他就会紧闭住嘴巴拒绝吃，而且扭头看向一边。母亲就不得不转来转去想着法子喂他吃。这样的情形持续了好多天，直到有一天，我意识到母亲的存在会阻碍帕克学习独自进食，就建议帕克的母亲不要再来儿童之家了。

母亲不再来学校后，帕克开始学习自己吃饭。最初一段时间，他总会将餐桌和自己身上弄得脏乱不堪，实在不行他就用手去抓各种食物吃，包括汤里的一些菜叶等。

但是，不长时间，勺子、叉子等餐具帕克使用得越来越熟练，他越来越能独自利落、干净而较快地吃完饭了。

我们必须为孩子不断创造机会，让他们锻炼自己，去做自己想做的事情。只有这样，孩子独自做事的能力才能不断得到提升。比如，如果孩子喜欢自己洗手，我们就应该让他们自己去洗。因为孩子喜欢洗手不一定就是因为觉得好玩，而是因为独自洗手让他们觉得有成就感，觉得自己能够做到一些事情。一旦他们在生活中自己动手，也能够更好地认识自己。

遵循自然规律，完善孩子的性格

让孩子误入歧途的很可能是一些微不足道的东西。这种东西往往是成人以“爱”或者“帮助”的名义带给孩子的，并在不知不觉中蔓延开来。这一切都应该归咎于成人的盲目行为，他们以自我为中心，去干预孩子的成长，对孩子产生了不利的影响。

可以说，孩子成长所有的畸变，都是由于他身处一个不良环境，不良环境造成他不能按他的原始计划成长，这使得他内在的本性和潜能被压制，没有得到正常的发展。

如果一个孩子能回归正常状态，得到自然成长，那么他就能够专心致志于某些让他真正和外界相接触的活动。当我们观察孩子，我们最先注意到的可能就是他们专注地做某些事情发生。在我们学校有一个三岁半的小女孩，她的专注度非常惊人。当她做一件事情时，无论身边有多好玩的事情发生，她都不会转移注意力。注意力如此集中的孩子真是难得啊，即使是成年人也很难做到注意力如此集中。

我们必须承认，专注地做事情对孩子的健康成长有着非常重要的作用，这就像罗盘在航海中的巨大作用一样。当然，专注的方式很多，可以专注去做的事情也很多，无论孩子选择哪一种都是可以的，只要能够专注地去做，他们就能正常地发展。相反，如果孩子做不到这一点，他们就会被周围的事物影响和控制，发展也会被影响。孩子对很多事情感兴趣，而且能够热情很高地把感兴趣的事情完成。当他们开始专注的时候，就会安静下来好好地做事情。

我们知道，如果一个成年人总是不停地换工作，那么他永远不能找到能让他成就一番事业的工作，这就是我们常说的“什么都会做，什么都做不好”。然而，如果一个人有明确的目标，并能够为之专注地努力，他就能获得成功。

我们都很看重这一道理，甚至不厌其烦地拿它告诫孩子。但是这种说教是毫无用处的，毕竟它只是个道理。就连成年人对这个道理都置若罔闻，就更不能指望孩子会听了。所以，孩子的专注行为并不是有意指导的结果，而是出于他们的自觉和喜好。

等孩子有了专注力后，就开始形成韧性，也就是持久力，它是人类所具有的另一种性格特征。对于一个人来说，专注力和韧性几乎是同时出现的。我们知道，孩子重复地做一件事情，往往不是由于外界驱使他们这么做的，也就是说，他们的行为必定是受某种内在心理因素的影响。

同时，孩子重复地做一件事，还说明了他们有能力去做这件事。在我们学校，每个孩子都可以自己选择想要做的事，然后去完成它，并且可以一遍遍做下去。对于一个成人来说，如果他不能坚持朝着自己的目标去努力，那么我们会说他缺乏意志力；反之，如果一个人很清楚自己要什么，且知道该如何获得，那么我们就会认为他拥有很强的专注力和能力。同样的，这点在孩子身上也适用。

只有专注地做事情的孩子才能正常发展。所以，我们要为孩子准备那些能够引起他们注意力的物品，让他们通过这些物品，专注地做事情，这样他们才能正常发展。在为孩子选物品的时候，我们应该带有目的性，保证这些物品必须适合孩子的心理规律与发展。

如果孩子正确并且专注地使用这些物品，就能够提高他们的协调能力，最终纠正他们身上的缺陷。要达到某一目的，就需要孩子通过自己的双手，全神贯注地去完成某件事情。

如果孩子在做事情的时候，不够专注、没有目的，那么他们的缺陷就得不到纠正。而且纠正缺陷需要一个漫长的过程，急功近利的想法要不得。只有当孩子的转变得到巩固、个性得到发展时，才能说明他们的缺陷已经完全被克服。

为了让孩子正常发展，除了专注地做事情外，还要给予孩子自由的空间。只有在自由的环境中发展起来的孩子，才能正常地展示出他们的力量：拥有自发的纪律性，能够快乐地生活，富有社会责任感和同情心……

我们可以强迫弱者，让他们按我们的意愿做事，但是孩子的健康发展和成长并不能通过强迫获得，要通过自由地学习获得。不过如果我们认为自由就是让孩子随心所欲，即使做错事也在所不惜，那就大错特错了。放任孩子只会让他们身上的缺陷被继续放大，最终变得越来越坏。

合理自由选择自己的行为是孩子有规律地生活的基础。我们为孩子做的一切都要围绕着一个原则——让孩子自由选择他们喜欢的事情，让他们能够专注地做这些事情，提高他们的心理素质，让他们成为自己的主人。

有一本名叫《吉塔》的印度书籍就讲述了这一原则。书中说："让孩子做那些他们感兴趣和应该做的事情非常重要。他们的大脑需要不停地运转，只有专注于某些事情，他们才能获得精神上的发展。一个懒惰的大脑容易被不良事物所侵蚀，那些负面的因素会毁了他。所以，一个懒惰的人无法拥有健康的精神。"

黎巴嫩作家纪伯伦曾经说过："工作是爱的外在表现。"我们的观点和这句话很相似。自然规律决定孩子的行为，思想观念决定成年人的行为。当孩子想要锻炼自己的某项能力时，他不会按照成人的建议，而是由其内在力量做出选择，限制了这种内在力量的发展，就等于限制了孩子的意志力和专注力的发展。所以，孩子必须摆脱成人的影响，才能获得这种内在的力量。

通过研究我们发现，孩子所具备的这种内在力量是非常符合逻辑的，但是孩子并不依照逻辑推理去做事，而是按照自然规律去做事。孩子的发展道路与方向都是由大自然来决定的。

在发展和成长方面，人与动物非常相似——他们都会按照大自然赋予的既定轨道行进，而且都会本能地摆脱成人的控制。成长和发展都要遵循自然规律的指导，一个人要想建立并完善自己的性格，只有遵循这种自然规律。

每一个天才，
都是在社会实践中不断成长起来的

英国心理学家贝恩曾说过：“天才最基本的特性，就是拥有极强的联想力。”只要我们仔细观察就会发现，天才能够通过认真的整理和缜密的思考进行简单推理，从平常的事物中发现容易被常人忽视的真理。然而在常人眼中，这些东西太过平常，他们看到也就像没看到一样，更不用说去探索里面的真理了。

我们可以说，天才拥有的最特别的能力就是分辨事物的能力，这种能力让他们能够从平常事物中发现其特殊之处，能够从事物内部看出细微差别，并能将不同事物区别开来。从某种程度上来说，正是天才敏锐的分辨力，让他们可以直面平常的事物。

在古希腊文明时期，就有陨石是从天上掉下来的说法。在古老中国的历史中，我们也可以找到陨石降落的记录。到了中世纪和近代，

关于陨石降落的记载就更多了。

然而在很长的时间，人们都不相信陨石是从天上掉下来的，他们只是根据常识认为它们是地面上一种特殊的含铁量很高的石头而已。到了18世纪末，这种观念仍然被广泛接受，甚至很多学者也是如此认为的。

1790年，在法国西南部塔斯肯尼地区落下了一颗重达10公斤的陨石。当时很多人亲眼看见了这一事件，目击者集体签名，向巴黎科学院递交了正式的报告，而科学院的回答却是："收到这样一份荒诞不实的报告，真是对科学的侮辱。"

那个时候，甚至有一位学者不可理喻地说："即使陨石从天上掉在我的脚下，我也绝不相信。"这样一种怀疑持续了很长时间。有些人甚至执迷不悟地说："除非我摸得着，我才相信。"

即使很重的陨石明明摆在面前，完全能够看得见、摸得着，依然有学者说："即使我摸得着，我也不相信。"

几年之后，科学家契拉第公开承认陨石的确存在。可是，他却遭到来自各方的攻击，并被斥责为"对法则一无所知，是一个对自己言行不负责任的人"。

看吧，自以为是的错误常识就是这么明显地抹杀了人类进步的道路。那些真正的天才不过是克服种种困难，运用自己的发现力去揭示事物的真相的人。

我们只要仔细研究那些天才所做的脑力劳动就会发现，他们所从事的这些脑力劳动，都是一些稀松平常、司空见惯的事情。然而，正是在这些平常的事物中，他们才为我们开创了新的思维方式；他们的努力带给我们心灵上的启迪，让我们在追求幸福生活和社会进步的道路上看到希望。

开采矿石的人通常都会知道，在一堆看似不起眼的普通矿石中，也许蕴藏着意外的珍宝。然而，这些矿石被长年累月地堆放在那儿，一直没有人想过从里面寻找那些珍宝。同样的情形，当真理突然被挖掘后，大多数人总会不屑一顾地感叹：“这不就是大家早就知道、习以为常的道理吗？有什么好说的。”

在“地球是圆的”这一思想还处于假设阶段的时候，很多人没想过如何去证明这种观念。而著名航海家哥伦布则说：“我们假设地球是圆的，那么，当一个人从某一点出发，一直往前走，他最终会回到原来出发的地方。”他的这个想法显示出他过人的智慧。事实证明，他是正确的，他正是凭借对这个想法发现了新大陆。

也许有人会觉得，哥伦布发现新大陆不过是运气好罢了，因为这块陆地恰好在哥伦布设计的航线上。可是，我们又不得不承认，我们忽视了一个显而易见的事实：哥伦布第一次把“向西走也能到达神秘的印度”这一宏伟设想付诸实践。

辛勤的智力劳动、过人的胆识和无与伦比的魄力让哥伦布发现了新大陆。哥伦布的成功源于他拥有坚定的信念。他说服别人为他提供船只和航海员，历尽千辛万苦，并最终完成了震惊世界的地理大发现。

我们总喜欢说：一个充满创造力的人是头脑开窍的人。一个人头脑是否开窍的标志在于，他能否对情感做出更积极的理解和反应，这属于精神范畴。

我认识一个幼年丧母的女孩。她非常反感老师在课堂上进行那种乏味枯燥的教学，甚至到了不想理解课堂知识、不想上学的程度。其实，是缺乏母女情感的生活加重了她大脑的疲劳感。

于是，父亲把女孩带到了乡下，让她在那儿像野丫头一样生活了一两年，然后又把她带回镇上，父亲还请了几位教授来给她当家庭教师。可是，虽然付出了这么多努力，女孩还是处于疲劳被动的精神状态下。她的父亲感到非常担心，他经常对女儿说："你的脑子什么时候才能开窍呢？"对此，孩子总是无奈地说："我不知道。"

一个偶然的机会，爸爸把女儿托付给了我，由我单独照顾她，我当时还是医学院的一名学生，就用自己的教学法对她进行教育。

一天，我们正在一起学习有机化学，女孩突然使劲儿盯着我，眼睛闪闪发亮，忍不住高喊着："我开窍了，我理解了！"然后，她站起身来，一边跑一边叫："爸爸，爸爸，我的脑子终于开窍了！"她拉起父亲的手说："我现在能告诉你这是什么意思了，我的脑子终于开窍了。"眼前的情景让我感到非常惊讶，因为那时候我还不知道这个孩子丧母的经历。

那位父亲和女儿当时那兴奋的表情让我非常感慨：我们因为智力

受到压抑，而在生活中失去了多少乐趣和欣喜啊！

事实上，孩子在智力发展的过程中，每一个小小的进步和收获都能给他们带来无尽的喜悦。一旦孩子真正感觉到智力进步所带来的欢乐后，他们就不再整天围着糖果、玩具这些物品转了，也不再陶醉于虚荣之中。这些内在的变化，让他们变得与众不同，在父母眼里，他们也变得了不起了。

只有这样，一个人才能通过自己独特的个性，运用超越平常的观察力和分辨力去发现真理。可以说，天才就是使自己享有自由的人，他砸碎了制约自己发展的锁链，并在众人面前坚持他所认定的人性标准。

然而很多成人没有认识到这一点，没有认识到让孩子拥有充满活力的人生、让孩子发挥想象力和创造力就是开发孩子智慧的最好途径之一。天才具有天赋的才能，生理学上的天赋只是为天才的发展提供了自然条件，如果缺乏良好的教育、适宜的环境、充足的劳动实践，任何天才都不会出现。

成人总是抱着遗传学的观念不放，认为孩子智力不足只是遗传的原因，他们甚至悲哀地认为这种情况无法改变，进而不愿意对孩子进行系统而完善的教育。

心理学研究已经发现，先天的遗传和后天的环境、教育对天才的形成都很重要，但环境和教育更为重要。19世纪的人类学家高尔顿在他的著作《遗传的天才》里提出的观点越来越站不住脚，他的族谱调查法完全忽视了社会条件对人成长的重要性，也没有看到家庭环境和教育对后代成长起到的决定性作用。

良好的遗传条件只是为天才的出现提供了可能性，然而天才无一不是在社会实践中成长起来的，无一不是经过长期的艰辛努力才为人类社会做出了杰出的贡献。天才最鲜明的特点就是他们把人身上观察和创造的潜能发挥了出来，用自由天性打破传统的禁锢，进而取得了一番成就。成人如果能够认识到这一点，就应该为孩子提供良好的环境和恰当的教育。

有意识地训练孩子的自控能力

孩子的自我控制能力最初是一片空白。随着孩子的年龄渐长，成人就可以有意识地训练孩子的这种能力。一个能够控制自己行为举止的孩子，长大以后面对生活中的各种困难和局面的时候，才能冷静自如地处理。

在训练孩子的自我控制能力上，有一位妈妈的经验可以借鉴。

这位妈妈每天接送孩子上下学的时候，都要经过一小片葡萄园，里面的葡萄鲜艳欲滴而且伸手就可以摘到。面对这样的美味诱惑，孩子总是想偷一些吃，但是他的妈妈不允许孩子这么做，并一遍一遍地

告诉他这些葡萄是私人财产，别人不能私自偷拿。最终孩子也明白了这里面的道理，不再吵闹着要偷葡萄吃了。

有一天，他妈妈故意隐蔽起来，想考验一下孩子一个人的时候会不会也能抵御住诱惑。她偷偷观察着，当孩子经过那片葡萄园的时候，他仍然像以前一样看都没看一眼，就低着头从葡萄架旁边过去了，显然他已经有了自控力。

利用对孩子有诱惑力的东西来训练孩子的自控能力的做法，值得我们去借鉴。在这种“抗诱惑”训练中，孩子的道德水平、意志品质和自控能力都能够得到很大提升。

还有一个游戏也可以锻炼孩子的自控能力，让孩子有意识地控制自己的行为。这个游戏很有趣，可以请几个小朋友一起玩，这样既增强了游戏的趣味性，又能培养孩子的竞争意识。

成人可以准备一首孩子熟悉和喜欢的欢快的乐曲，再准备一首低沉浑厚的乐曲。然后再做一个熊的头饰，给一个孩子戴上，让他扮熊；其他孩子扮木头人。

游戏时，先放音乐，让孩子边走边念：小鸟喳喳叫，小兔蹦蹦跳。我们小朋友，快往树林跑。要是大熊走过来，千万别乱跑，赶快装成木头人，不许讲话不许动，还有一个也不许笑。

这些话也可以由成人念，也可以由孩子来念。念时伴随着音乐，念到最后一句时，将音乐关掉，此时扮木头人的孩子无论在做什么，都要马上停下来，保持当时的姿势不能动。

接着再放一段舒缓的音乐，此时这些木头人孩子必须一动不动，装成熊的孩子走出来，绕着这些孩子一边走一边观察，可以吓唬他们或者逗他们，但是不能触碰他们。如“熊”发现有“木头人”动了，就会把他吃掉，被吃掉的孩子就输了，不能再继续玩游戏，只能退出待在一边。

这个游戏既简单又轻松愉快，很受孩子们喜欢，通过这个游戏可以让孩子们在娱乐的同时培养控制自己的能力，这是培养孩子自控力的一个很好的方法。

孩子自控能力的提升并不仅仅是孩子自己的事情，还需要成人为孩子做出榜样。如果成人都不能控制自己，为所欲为，又怎能指望孩子安安稳稳呢？例如，一个大人整天沉溺于赌场，或者整日粗暴谩骂，又怎么能要求孩子举止文明，有良好的自控能力呢？因此，要想培养孩子的自控力，成人必须首先控制好自己的行为。

成人限制孩子，是对孩子性格的摧残

作家诺塔利在自己的小说《我的百万富翁叔叔》中讲述了叔叔小时候的一个故事，揭示了一种摧残孩子个性的错误教育法。

他的这位叔叔小时候非常调皮，制造过很多让周围人哭笑不得的恶作剧，他差不多闹翻了整个小镇。后来，叔叔被送进了一所学校，在这里，人们都叫他福福。有一天，福福发现一个叫福费塔的小女孩没有吃午饭，她看上去非常饿。这次，福福的内心第一次被触动了，他将自己的午饭送给了福费塔，书中这样描写道：

他（福福）向四周看了看，又看了看福费塔，接着，他站起来，拿起了自己的小午饭篮子，把篮子放在了福费塔的怀里。

他一句话都没有说就跑开了。跑到不远处，他站住了，低下头去，突然大哭起来，他不知道自己为什么要这么做。他是第一次看到福费塔那双满含泪水、善良的眼睛，他觉得自己被感动了，同时他也感觉很惭愧，因为他竟然在一个饥饿的人面前吃东西。

……

见到福福放在自己怀里的午饭篮子，福费塔困惑地、飞快地跑向了他，温柔地拨开了他抱着头的双臂。福费塔轻声对他说："不要哭，福福。"她好像是在恳求他，又好像是在同她喜爱的一个布娃娃温柔地说话，她的表情友爱而专注，举止温和而文雅。

福费塔吻了他，他用双臂搂着她的脖子，依然沉默着、哭泣着，他回吻了福费塔。最后，他深深吸了一口气，擦掉了脸上和眼睛里的泪痕，开始笑了。就在这个时候，一种刺耳的声音从院子另一边传来，那是他们的老师。

"喂，你们两个在那里干什么呢？你们快进教室，快，我说你们两个！”

教师用盲目的、粗野的话语和行为破坏了福福第一次善良的举动，破坏了两个孩子之间的美好情感，他就像在处理两个孩子打架一样……

就这样，教师不分青红皂白地制止了两个孩子的行为，非常粗暴，这无意间伤害了孩子们美好的内心情感。

有一个保姆的做法也表现出了同样的问题，她在照顾一个七个月大的小婴儿。婴儿正坐在地板上，摆弄着一只枕头，枕头上绣着花和小娃娃的图案。婴儿用手摸了一会儿枕头，然后开始凑上前去闻花，并亲吻图案上的小娃娃。

保姆见状，以为他喜欢闻和亲吻某些东西，就给他拿来其他的一些小东西，比如小铃铛、小球等，“闻闻这个，亲亲这个”，她希望婴儿能认识更多的事物。她以为，婴儿见到这么多好玩的东西，一定会很高兴地去闻、去亲。但婴儿看起来并不高兴，他有些生气地把保姆拿来的小铃铛、小球等扔到了一边。

小婴儿正在专注地工作，他在识别图案并将之储存在脑海中，他在建构自己认识和理解事物的模式。而保姆的做法却干扰了他的动作，扰乱了他头脑中的活动。

小婴儿原本很高兴、很平静，但当他试着建构一种头脑中的内部秩序时，却被一个无知的成人给打乱了。

很多成人常常会如此，孩子正在专心地做某事时，成人会干扰他，或会亲吻他，或评价他的行为，或要求他去做别的事情等。成人粗暴地干扰孩子正在进行的工作，在孩子专注地工作时分散他的注意力，会对孩子头脑的内部工作造成阻碍。这对孩子的自我发展是不利的，会扰乱孩子的心理成长过程。因此，我们建议，孩子专注工作时，我们不要去打扰他，孩子只要没有粗鲁的行为，我们就不要去限制他。

第七章　孩子要拥有好性格，需要拥有一个好老师

做孩子的伙伴，做新时代的老师

爱和谦虚会帮助我们揭开童年的秘密，爱是给孩子尊重和自由，谦虚是向孩子学习，而不是靠自己所谓的经验左右孩子的成长。这样做才会让孩子更好地发挥潜能，才会使他的生命更精彩地绽放。

这是新时代的教育方式，而传统的教育却不是这样的。传统教育更强调教师给孩子灌输某些东西，并由教师主导孩子的发展方向，教师拉着孩子朝哪个方向走，孩子就得朝哪个方向走。我们很容易看到，在传统学校里，教师如何维持课堂纪律，如何处理违反纪律的孩子，如何千方百计地向孩子灌输某些所谓的经验。

下面这样的现象我们至今依然可以看到：

课堂上，教师为了让自己的讲课顺利进行，她严肃地命令学生："大家都端正地坐在自己的位置上，不可以交头接耳，不可以随便走动，不可以左顾右盼……"

似乎老师没有错，因为这样可以保证所有的孩子都能听清老师讲课的内容，保证老师讲课不被干扰。可是，班里有的孩子却不理老师这一套。"你要我端正，我偏不端正，你要我不说话、不走动，我偏要说话、走动……”孩子心里会这样想。

接下来，我们可能会看到，等老师背对大家去写板书或者低头看教材的时候，就有调皮捣蛋的孩子冲其他孩子扮鬼脸，或者悄悄说话、走动，干扰孩子们的注意力。

被干扰的孩子有的可能反感，有的可能幸灾乐祸，这主要是那些心里反感老师可表面上又不敢反抗老师的孩子的行为。等到老师转过身来，抬头望一眼讲台下，发现孩子们都安安静静地坐着时，老师很欣慰，他或许因孩子们如此服从自己而沾沾自喜吧。可是老师并不知道，孩子们表面上服从老师，可心里却对这个老师有很多抵触情绪。我相信，这种抵触情绪一定会阻碍师生间的有效交流，也降低老师的教学效果。

我认为，这是传统教育的弊端，孩子看似服从教师和纪律，但这种服从却不是发自孩子内心的，这种表面的服从其实掩盖了孩子的不满，掩盖了孩子对老师威严的恐惧。

我们的新式教育要消除这种靠外在的强制手段迫使孩子达到我们期望的标准的做法，而设法激发孩子的内在自律性，使他们靠自己的力量达到我们所期望的标准，我认为，这才是尊重孩子个性的做法。

在孩子利用教具进行练习时，他们喜欢一次次地重复。比如，使用圆柱体插件教具，他们会把那些圆柱体拿出来又放进去，一轮10个圆柱体都放完后再重复很多遍，他们不仅不会厌烦，还始终兴致很高。但是，经多次操作后，如果他们已能熟练地、正确无误地完成教具操作，这样的重复对他们来说就没有必要了。

我发现，这种重复现象在儿童之家是很普遍的，因而我断定，这种重复是孩子创造自我价值的一个秘密。在重复时，孩子们都注意力集中、专注而用心，表现出惊人的智慧力量，而且，他们每次重复似乎都有新的收获。对孩子来说，这种重复是一种智能操练，重复就是从活动中获得对事物或概念的理解。

1907年，儿童之家创建不久，我就发现了这种重复现象，那时，我就认可了这种现象。既然如此，我们就要尊重孩子的这种重复表现。孩子在操作教具或进行其他活动时，我们允许他们根据自己的需要自由地进行重复。

而在传统教育中，教学活动都是按照教学大纲事先设计好的，教师不允许孩子一次次地重复一种练习。到了活动结束时间，教师就会把教具收走，接着进行下一项教学内容。

也可以说，传统教育不是以孩子为中心，而是以教师为主。孩子要按照教师的教学计划进行学习，按照教师的标准去做事，他们被迫灌输教师所教的各种知识和技能。这样的教育，难以照顾到孩子自己的需求和想法，会压抑孩子的天性。

我们的教师要避免这一点，要实行尊重孩子想法、给孩子自由的新式教育，摒弃传统的压抑孩子个性的教育方式，这样才能使孩子的潜能得到更好的发挥。

我清晰地记得，在我读小学的时候，在一节地理课上，老师提问

水的流动方向是怎样的。他最先提问的是一个叫阿莫尔的同学。

阿莫尔是个调皮的、学习不很用功的学生，但是他很聪明，能想出许多很好的点子。当时，阿莫尔没有回答出老师的提问，老师只得提问一个叫丹特的男孩——一个学习成绩很优秀却不讨人喜欢的孩子。

听到老师的问话，丹特很自信地站起来说：“水是从高处向低处流的。”然后，他傲慢地看了阿莫尔一眼，仿佛在说：这么简单的问题都回答不出，真是笨极了！

当然，这个答案我们很多同学都知道，只是因为阿莫尔讨厌那种只向学生灌输知识的教学方式，讨厌单纯地记忆所谓的知识，所以才回答不出来问题。

有一次发生的事情，让我开始怀疑我们所受的教育的正确性。

那一天，我们几个同学放学后去野外郊游，丹特和阿莫尔也在内。在田野的路边，我发现了几棵小樱桃树，大概是谁丢在这里的一些樱桃种子长出的幼苗吧。

我招呼同伴过来看。“这个地方太干了，樱桃树应该浇点水才好。我们给它浇点水吧。”一个女同学提议道。

“对，对。”其他同学都应和说。正巧，不远处一片庄稼地里有一位老农在浇水。

可是怎么把水弄到樱桃树这边来呢？几个同学犯难了。

“别傻了，那边的水弄不过来的，我们又没有工具，走吧，别白费劲了。”丹特说，他认为给樱桃树浇水是没办法做到的。

其余几个同学也认为没有办法做到给樱桃树浇水，都沮丧地叹了叹气。

“有办法。”阿莫尔胸有成竹地对我们说，“这些樱桃树有希望喝到水，我们在这边到那片庄稼地之间挖一条小沟渠，水就会流过来了。”

经阿莫尔这么一指点，我们都恍然大悟。可丹特却不屑地说：“这根本办不到，你看，那边庄稼地里的水是静止不动的，怎么会流过来呢？”

阿莫尔没有理丹特，他开始挖沟渠，其余几个同学也加入其中，除了丹特之外。

不久，一条半英尺宽、两英寸深的沟渠挖成了，庄稼地里的水缓缓地流了过来，不一会儿，几棵樱桃树就喝到了甘甜的水。

阿莫尔带着胜利的笑容看着丹特，好像在说：“怎么样？你不是背诵水的流动特点很熟练吗？但是这又有什么用呢？”

实际上，这是我们传统教育的弊端，注重给学生灌输各种知识，可是有很多知识学生并不会实际运用，这种教育可以说是失败的。

我觉得，对小孩子而言，让他们获得敏锐的观察力，让他们成为观察者、探索者、求知者，这才是更重要的，而不是仅让他们记住某些知识就好。在我们儿童之家，我也一直主张克服传统教育的这一弊端，要重视培养孩子的感觉和能力，而不是仅仅教给他们知识。

清除自己眼中的沙粒，
才知道如何消除孩子眼中的尘埃

我认为，教师必须一开始就注重研究自己的缺陷和坏脾性，而不是过分地关注孩子的脾性，迷恋于纠正孩子错误的教育方式。教师只有先清除自己眼中的沙粒，才能清楚地发现并知道如何消除孩子眼中的尘埃。如果不是这样，就会误解了孩子、误导了孩子、误伤了孩子。

有一段时间，我发现教师玛拉多次冲着孩子们发脾气，似乎她心里有很多无名火。

我们班的孩子尼诺刚来儿童之家时，我就发现了他对绘画的兴趣，他常常到处画。那一次，我看到尼诺正在地毯上画画，地毯的一角不一会儿就被他画得面目全非，而那是一块崭新的、很干净的地毯。这似乎只是小事一桩，我觉得干净的地毯远没有孩子对于绘画的热爱和孩子的快乐更重要。但年轻的玛拉或许习惯了传统的教导孩子的方式，或许她看不惯孩子在干净的地毯上乱画。于是，她冲着尼诺大发脾气：“老天！不要在这里画，不要在这里画！”

尼诺被老师严厉的呵斥声吓住了，在这所学校里，他从来没有遇到过如此严厉的对待。他拿彩笔的手停住了，怔怔地看着玛拉，不知所措。

也是在同一天，我看到玛拉对一个不按要求取放教具的小姑娘发了脾气。那个小姑娘也被吓得畏畏缩缩，动作变得小心翼翼，操作教具时还会偶尔不安地瞟一眼玛拉。

虽然我觉得玛拉是一个很称职的教师，但对她的这些做法我不满意，因为这违反了我们提倡的尊重孩子的教育原则。事后，我找玛拉谈了话，委婉地指出了她的这个缺陷，她表示愿意改正。

如果教师不能摆正自己的位置、不能调控自己的情绪，发现孩子的表现不尽如人意时，就容易采取错误的教育方式，这是我们应该避免的。所以，不断改进自己、不断完善自己，我觉得这应是每一位教育者的自我要求。

孩子经验不足，他们可能不理解成人的做法和态度，不能保护自己免遭成人的侵犯。由于自身力量弱，他们常常会接受我们所说、所做的许多话、许多事，当我们责备他们时，他们总会认为全是自己的错。

一个教师，如果自己生活不快乐，或者自身有性格或心态上的不足，就很容易把自己的情绪发泄到孩子身上。被批评的孩子可能会将老师的这种情绪发泄归结为自己的原因。

曾经就有这样一个孩子，艾莉娜原本活泼、开朗而自信，操作教

具、做其他事情都能大方得体地完成，很受老师的喜爱。

可是有一天，我发现艾莉娜不如以前那样活泼可爱了，做事情也开始变得有些拘束。我觉得很奇怪，想要搞清楚其中的原因。接下来，我发现艾莉娜和教师维多利亚的关系似乎也不如以前那样融洽了，艾莉娜好像学会了看维多利亚的眼色行事。我找维多利亚了解情况后，得知了这样一个小细节。

那天，维多利亚情绪很不好，因为她和丈夫闹了矛盾。碰巧那天她很喜欢的艾莉娜没听她的话，于是，维多利亚就狠狠地瞪了她一眼，估计她严厉的表情也让艾莉娜恐惧。

事后，我又找艾莉娜交谈。从她的口中我得知，艾莉娜觉得“我不好，维多利亚老师不喜欢我了”，所以，她开始小心翼翼地行事，以赢得维多利亚老师的欢心。

显然，是教师的错误方式导致了艾莉娜行为的改变。教育者自己的情绪和错误影响到了孩子，却让孩子承担教师错误行为的后果，这多么不公平！

如果我们错怪了孩子，而孩子却无力改变什么，他们对不公平对待的反应就是谨慎、说谎、失眠、拒食或者恐惧等，他们可能会变得抑郁或出现心理问题。

因此，教师应当对孩子的改变进行反思，反思是否自己的教育方式或者对待孩子的方式出了问题。

我们传统教育的惯性是如此之大，以至于我们学校的很多教师在加入儿童之家很长时间后，还难以改变自己的教育方式。

孩子服从教师的命令，是很多新教师期望得到的教育结果。如果孩子没有服从教师的命令，教师可能会觉得自己被冒犯，这常常令教师不愉快。

我曾经在我们的一所儿童之家看到过这样一件有趣的事情：

一个四岁左右的小男孩在专注地操作平面几何形状教具，他将一整套几何形状的木块全部摆放在地毯上，这时，另一个孩子抱着颜色板盒子来到了这个小男孩身边，可是第一个男孩占用了很大的地方，地毯已没有太大的空间了。在一旁的教师艾玛刚加入儿童之家不久，她原来是一名小学教师，是一位比较严厉的教师。艾玛发现操作形状教具的孩子占用了很大空间，就走过去，一本正经地对他说："孩子，你给小弟弟让出一块地方吧。"

那个男孩不知是因为太专注，还是没有听见教师的话，他依旧很认真地工作，没有对艾玛的话做出任何回应。

"请你给小弟弟让出一块地方。"

男孩抬起头看了艾玛一眼，似乎有些不快，然后他继续低头工作，并没有让出地方。

我看到，艾玛的脸色开始变得难看，"你怎么不听我的话？请你给小弟弟让出一块地方。"她又一次说。

说着，她还轻轻地将小男孩的形状教具向一旁推了一下。

这一下，小男孩火了，他生气地将摆好的几何形状弄得乱七八糟。

我理解小男孩的委屈，艾玛打搅了他的工作，而且没有尊重他的意愿便挪动了他的教具，小男孩生气是正常的。

在儿童之家创建之初或每年开学时，此类的事情经常发生，我越来越认识到，教师此类的做法是非常错误的。

对此，我要求每个教师要经常检讨自己，孩子出现不合理的行为时，教师要思考是否是我们冒犯了孩子。我要求教师不断改进自己的行为，不因自己的错误而阻碍孩子的成长。

教师能在孩子的灵魂中发现真理，他将无可比拟的伟大

把孩子心理的发展当作自然现象和实验反应，使得学校活动本身成了研究人的心理发展的科学实验室。也许不久的将来，学校将成为心理学家最出色的实验场所。因此，我们应尽可能地完善与准备这样的学校，这不仅是为更好地教育儿童做准备，而且还是在为新兴科学的诞生准备材料。

正如学习自然科学的孩子，他们的实验室中需要有一个直接准备观察所需要的材料的组织一样。比如，观察一个简单的细胞运动需

要一块凹形的玻璃片，中间有盛一滴水的小孔，还需准备浸泡活细胞的淡溶液，以保证细胞活力的持续，还需有培养细胞的土壤，等等。为此，便有了一些独特的职业，即那些被叫作“准备者”的人，他们不是教授的助手，曾一度是高级仆人，以后又成为高级职员。然而在今天，他们几乎都是从事自然科学的研究生。的确，他们从事的工作最为精细，因而必须具备生理、物理、化学等方面的知识。对人类研究工作自身的文化知识准备得越充分，科学的进步就会越迅速且越有保证。

有人认为，在所有这些自然科学实验室中，只有心理学实验室被认为可以无须设置一个为观察对象做准备的组织，这种想法很奇怪。如果要当今的某位心理学家安排其准备者的工作，他会认为这是叫他准备仪器，因而他或多或少要采用物理实验室的标准。

但科学家还没有形成为产生现象做准备的概念。如果仅观察一个细胞，一个活的微生物，他需要一个准备者。如果研究的对象是人，就更需要一个助手！

心理学家们认为，他们能够用一个字抓住实验对象的注意力，并向他们解释为了对实验做出反应，他们应怎样进行。他们通过这些方法为实验对象做准备。心理学家们还认为，任何偶然闯进实验室的陌生人，都可为他们的实验服务。总之，今天的心理学家的行为同捕捉飞行中的蝴蝶的孩子的行为差不多，先是观察一会儿，然后再放它飞去；而留心实验材料的生物学家却不同，他所关心的事是要在科学实验室中适当地进行准备。

另一方面，我们的实验中所显示的心理发展虽然不够完全，但仍有必要向孩子描述其自身成长发育的微妙途径，重要的是尊重他的自由。所有这一切都需要一个特殊的环境，需要准备一支有实践经验的工作人员队伍，构成一个在组织上比一般自然科学实验室更具有优越性的整体。这样的实验室只能是根据科学方法组织起来的完美的学校，这里的教师最适合当准备者。

诚然，所有的学校都不可能完全实现这个崇高的科学理想。但毫无疑问，所有的学校和教师都应朝着实验科学的方向而努力。孩子心灵的拯救建立在生活方式与自由的基础之上，这些将给予新一代的另一种自然权力。同时，它也是作为一种社会和哲学观念而建立的，应该取代当前所谓的教育的义务，因为这不仅是国家的经济负担，也是后代的精神负担。如果公立学校的孩子没有表现出丰富的心理学倾向，这种自然权力将自行消亡。

实际上，新学校绝不是为科学服务的，而是为当今人类服务而建立的。教师们因注意到展现在他们眼前的生命而感到欣喜。他们沉浸在自我陶醉之中，他们所见到的一切，正像人与人之间的联系一样，使他们欣喜、精神振奋。

毫无疑问，由于这种新的教育方法，教师的准备工作必须以新的方式进行，教师的个性和社会重要性也将因此而改变。

迄今为止，在做了首次实验之后，一种新型的教师已逐渐发展起来。如要学会沉默的能力以取代表达的技能，教师必须用观察取代灌输式教学，必须以谦恭的态度取代那种自诩为一贯正确的骄傲感。

当实证科学登上世界舞台时，大学教授也经历了同样的转变。过去的教授与今天的教授有何不同呢？旧时代的教授经常裹在用貂皮装饰的长袍中，像皇帝一样坐在他那高高的椅子上，他们的话是那样威严，以至于学生们一定得相信他所说的一切。今天的教授则让学生坐在高于自己的位置上，自己站在低于学生的地方，或站在地板上，让学生们都能看到他。学生们都坐着，只他一人站着。

学生们知道，当他们有能力证实教授的理论、能够推动科学的进一步发展、能够将他们自己的名字同那些曾做出过贡献或发现过真理的人并列在一起时，他们就是正朝着更大的进步迈进。

存在于学校中的尊严与等级制度被化学、物理或自然现象所产生的事物代替了。由于有了这些事物的存在，其他的一切也就不复存在了。实验室的所有安排也是以适合物理、化学、自然现象的实验为目的。如果某个实验需要光亮，实验室所有的墙都将用玻璃做成；如果需要黑暗，实验室可改建成一个暗室。

渴望和执着的探索是对于真理的探索。新一代的科学不是教授们演说的艺术、高贵的姿态、减轻讲话分量的妙语、精心装饰的结束语，以及所有以吸引注意为明确目的的言行举止。当前，与其激起年轻人的注意，不如激发他们对知识的热情，因为大学课堂培养出来的学生很轻易便能忘记他们教授的声音和外貌。

但这并不意味着学生忽略了对教师的尊重和热爱。一个现代学生能够从心灵深处感到他对面前谦和俭朴的科学家、人类幸福的缔造者所产生的尊重。

现在，学校和教师的改变必须沿着相同的方向。

当学校里的每一件事都围绕着一个基本事实展开，而这个事实又是一种自然现象时，学校就会步入科学的轨道。这样，教师就必须具有科学所需的那些必要的特征。

献身科学的人中，我们发现他们都具有不受思想支配的特点。简而言之，物理学家、化学家、天文学家、植物学家、动物学家，等等。虽然他们所学知识完全不同，但他们都是实证科学的研究者，他们具有和过去的玄学家完全不同的特点，这些特点不仅与研究的内容有关，而且还与科学方法有关。因而，如果教学法想要具有它应有的位置，就必须在其方法上具有自己的特点。教师不是通过内容，而是通过方法来为自己做准备的。

总之，教师应在品质方面，而不是在文化方面与众不同。其中基本的品质就是观察能力，这种能力是如此重要，以至于人们称之为观察的科学，此术语在那些与观察相结合的实验中变成了实验科学。十分明显，为了使一个人能够观察，仅有感觉和知识是不够的，因为观察是一种必须通过实践培养起来的能力。如果我们让一个未经训练的人用望远镜观察星象，或者详述显微镜下的一个细胞，无论示范者如何用语言来解释应看到些什么，外行也不可能看到的。众所周知，当一个新的发现公之于众时，很有必要公布一下它发现的大致的细节。缺乏专业知识的人不可能理解的这些细节正是这项发现的关键所在。

观察是需要训练的，这是走向科学的必由之路。因为，如果现象不能被看见，就如同它们根本不存在一样。同时在另一方面，科学家的心灵完全沉于对观察体的强烈兴趣之中，他被训练得能看见现象，并开始对现象感兴趣，这样的兴趣正是造就科学家精神的动力。如孩子身上的内部协调就是整个心理协调的凝聚点，因而以教师所观察的对象的兴趣为中心，教师完美的新型教育方式就会由此自发形成。

观察品质包括各种各样的细小品质，比如耐心。如果天文学家还没有把他的望远镜对准焦距的话，一个外行是不可能有耐心等到他对好的。同时，当一个科学家在进行研究的时候，是不会意识到他所进行的是一个漫长的、需要耐心的项目。外行人则会发怒或不安地想道：我在这里干什么？我可不能这样浪费时间。当专家希望外行参观时，他们得预备好一长排已经对好焦距的显微镜，因为他们知道，参观者希望“立即”且“迅速”地看见专家所研究的东西。

我们不难想象，一个对实验室工作做出过杰出贡献、在各种组织中担任首席职务，并且有着各种荣誉和尊严的科学家，会温和地答应让一位女士看显微镜下的一个细胞组织。事先，他愉快地切下一片组织上的一小部分，仔细地清洗承物玻璃片和盖东西的玻璃片；他还要清洗显微镜片，做调节准备，对好焦距备用。毫无疑问，在这段时间里，那位女士将会持续说上百次：“请原谅，教授先生，真的……我有一个约会……我有许多事要做……”当她什么都没有看到时，她会难过地抱怨道：“我浪费了多少时间啊！”实际上，她什么都没做，只是白白地消耗掉了她所有的时间！她所缺乏的不是时间，而是耐心。没有耐心的人不能正确地审度事物，只能意识到他自己的冲动和满足。他们完全以自己的活动来计算时间。能够满足他们的东西大概就是绝对的空虚、无用和琐碎。如果他们满足了，那就不能说是浪费了时间。但他们所不能忍受并且认为浪费了时间的东西，就是精神紧张、瞬间的自我控制，或一段没有直接结果的等待。

有一句意大利谚语如此说道：徒劳的等待，是一种自杀的行为。事实上，完美的教育是克服这种态度所必需的。如果我们要使自身与外部世界联系在一起，并欣赏到它的价值，我们就必须把握和控制自己的意志。没有这样的准备，我们将不能对那些从中得出科学结论的微小事物给予适当的重视。

每个人都有进行一项持续不断的工作，并能够准确地将其加以应用的能力。有些工作表面上看来似乎没有多大意义，实际上对希望在科学上取得成就的人具有无上价值。

当伟大的化学家希望找出能产生反应的最小量的物质时，他就像孩子一样，不停地摆弄他的曲颈瓶。他拿起一个曲颈瓶，装满他想要研究的物质，接着又把它倒空，然后又装满水，观察其反应；反应发生后他再次倒空曲颈瓶，装入新的水，再看有无进一步的反应。这样，他就建立了一个稀释度。在这个稀释度中，物质将留下痕迹。寻找到这个微妙的、几乎可忽略的最小量时，科学家的行为竟像一个孩子。

这种谦恭的态度是耐心的一个要素。在任何场合下，科学家都是谦逊的，他能够走下他的职业宝座而站在一张小桌子前工作，他能够脱掉他的长袍子而穿上工装，他能放弃那些无可辩驳的真理和学生们一道去发现新事物。这样，不仅能使学生们学到理论，而且能使他们受到真理的鼓励，去进行自己独立的活动。对他来说，谦逊才是他真正的荣誉，是他真正的源泉。

科学家谦恭的最高形式乃是随时的自我克制。这不仅体现在外表上，而且体现在精神生活方面，例如抱定的理想、内心产生的信念等。面对真理，科学家们没有任何偏见，他们随时准备放弃那些自己以前抱有的与真理相悖的观念。渐渐地，他们就从错误中净化了自己，使自己的头脑清醒、明澈、坦率。

为了真理，他们情愿把自己融合进一个崇高的团体之中。

如果教师能在孩子的灵魂中发现真理，那会怎样呢？他将是不可比拟的伟大！为了将自己提到这样的高度，无论如何他必须学会谦虚、自我克制，要有耐心，还要摒弃建立在虚荣心上的骄傲。

的确，教师胜过其他科学家，因为科学家永远只能停留在他们所研究的物体外部：电能、化学能、微生物、星球等所有的东西都与科学家本身相距很远。但学校教师的研究对象是人自身，孩子的心理表现形式比起现象方面的兴趣能唤起更多的东西。教师从孩子的心理表现中获得内在的揭示，孩子的情感在与他一样的其他人接触时产生波动。因而那些美德，比如谦虚和耐心，包括科学家为自己树立的外部目标，都包含在整个灵魂之中。因此，对教师来说，问题已不再是科学家的耐心或科学家的谦逊的问题，而是道德问题。

为什么教师的态度应是神圣的呢？因为他所观察的特殊对象是人，而人的特性是神圣的。

由此，我将依靠科学给予的所有帮助，要求教师观察生物最基本的形态。我将使他们成为显微镜学家，给予他们栽培植物的知识；我将指导他们观察昆虫，使他们能够了解生物学的一般法则。我将不仅使他们关心理论本身，而且还鼓励他们到实验室和大自然中独立工作。

观察这种复杂的计划决不能把孩子的生理观察排斥在外。因此，直接、迅速地为更高一级工作做的准备应包括孩子身体发育方面的知识，这些知识应该是关于孩子从出生到开始产生心理活动的年龄阶段。在这一点上，我不仅指解剖学、卫生学和生理学的理论课程，而且包括孩子的生理需求。换言之，教师应按照科学的方法进行自我准备，他应当像学习自然科学和医学的学生那样，以直率、客观的态度步入研究的领域。

同样，我们学校里的那些年轻人，他们在被指定研究庞大而复杂的科学时，首先要平心静气地准备浸液或进行玫瑰花柄的切片工作；然后，用显微镜进行观察，这样的实验使他们感到惊奇，这种惊奇可唤醒并吸引他们对生命之谜抱有的强烈热情。这样能使我们那些迄今为止仍习惯于在学校里阅读冗长、枯燥无味书籍的人体会到：自然之书正在我们的面前敞开，它充满创造性和可能性，并能够对我们潜在、不可名状的渴望做出回答。

教师不必一开始就像那些注定要观察植物和动物的科学家那样，因为科学家们只满足于生态学和生理学所能够提供的东西。教师的使命也不像医治婴儿疾病的医学专家那样，只满足于病理学方面的研究。他必须认识到，那些科学是有限的。当他唱着圣歌将脚放在由生命的圣殿上升到精神神龛的凳子上时，他抬头凝望，并感到自己是一位伫立于宏伟的科学圣殿之中的牧师，他将观察人的内心生活。

教师的实验室应该是学校。在那里自由的孩子在教材的帮助下获得发展。当教师感到自己是受兴趣的驱使而感受到孩子的精神世界，并体验到快乐并拥有不可遏止的观察欲望时，他就会明白他正进行的教育事业多么神圣，他对孩子的影响有多大。

好的教师是一个协助者而非干预者

任何一个老师，都应该尽可能地减少对孩子学习、活动的干预，而要允许孩子自我教育、自我发展、自我完善。但这并不是说，教师对孩子可以放任不管，任由孩子做任何事情。

教师的作用是帮助孩子在自我教育中向着正确的方向前进，帮助孩子的生命机能变得更优良。

任何一个参观儿童之家的人，都会对我们这里的孩子的优异表现印象深刻。

比如，在罗马我的学生安娜·马切洛尼所负责的学校里，她的班里有40个三岁到七岁不等的孩子。每个孩子都会专注于自己的工作，或者进行感觉练习，或者做算术运算，或者练习字母拼写，或者学习几何图形，等等。这些孩子并不是集中地、整齐地坐着，他们有的坐在桌边，有的跪在地毯上，有的轻轻地走动以搬运教具。所有的孩子都沉浸于自己所做的工作之中，互不干扰。

教师也在教室里安静地待着，观察着孩子们。有时，他会走到叫他的孩子或需要他帮助的孩子身边；有时，他会给某个孩子示范如何操作教具。

任何需要教师的孩子都能感觉到他的存在，而不需要教师的孩子则甚至不会注意到他的存在。

在这安静的环境里，时间就这样缓慢地、无声息地流动着，一下子就过去了好几个小时。

每个孩子都被对工作的巨大兴趣笼罩着，因而，他们很少因为某些原因而发生争吵、制造混乱。整个班级看上去秩序井然，每个孩子都有着完美的纪律性。

这种秩序井然和完美的纪律性不是通过命令和说教实现的，而是孩子们通过练习来实现的。它也不是依靠教师的教导来实现的，而是靠孩子们自己内心的自律能力来实现的。

教师只是利用某些有效的手段协助孩子进行各项练习，比如，设置安静的课堂帮助孩子学习如何不制造噪声、如何保持秩序，为孩子示范如何文明地行、走、站、立，如何操作各种教具等。

一次，我在平西亚花园里看到一个漂亮的小男孩，他大约一岁半，当时，他正在用小铲子往一个小桶里装沙子。

一位穿着整洁的女人站在男孩身边看着他，那是他的保姆。保姆带着慈爱的目光看着男孩玩沙，看得出，她很喜欢这个孩子，而且，她也能把男孩照顾得很好。

过了一会儿，大概到了该回家的时候，保姆要求男孩不要玩了，并准备把他抱回到孩子车里。男孩不听保姆的劝说，依旧在玩沙，并

且有些生气地推开了保姆伸过来的手。

见讲道理不能劝孩子回家，保姆就麻利地捧起沙子将他的小桶装满，她相信，用沙子把桶装满是孩子想要的。接着，她将男孩抱到孩子车上，连同他的小桶也一起放了进去。

这个时候，小男孩却大喊大叫起来，他脸上流露出委屈而愤怒的表情，开始胡乱地舞动四肢，抗议保姆的强制行为。

事实上，小男孩想要的不是用沙子把桶装满，他是希望通过反复地装沙子这个动作来满足自己内心的某种需求。

孩子进行某项活动的目的是内在的自我发展，而不是像把小桶装满沙子这样的外在结果。这个小男孩可能会喜欢用沙子装满小桶，然后倒空桶，再继续装，直到他感到满足为止，这种活动本身才是孩子产生快乐的原因。

我们的教育不是让孩子获得某种动作或行为的结果，而是要帮助孩子体验各种行为动作的过程，并帮助他们在这些行为动作过程中获得自我发展。就像上面所说的，保姆要做的不是帮助孩子把小桶装满，而是提供机会让他自己装。

我们说，要给孩子自由，让孩子自由地表现自己，但并非让孩子随心所欲地去做所有的事情，孩子的有些行为教师也要去制止。那么，孩子什么样的行为，教师要制止呢？就是那些影响他人、冒犯他人、伤害他人的行为，那些粗鲁的、不礼貌的行为。对于除此之外的行为，教师要允许孩子去做，另外，还要对孩子的这些行为进行耐心而细致的观察。我们要求教师做一个被动的观察者，而不是主动对孩子施加影响的干预，也就是要求教师不要将自己的观点和意识强加给孩子。

教师要像科学家那样，怀着强烈的好奇心和高度的热忱去观察孩子，更重要的是教师要绝对尊重自己所观察到的一切。

无论什么样的教育行为，只要是能帮助孩子的生命得到充分而自由地发展，就是好的教育行为。我们要避免任何抑制孩子自发行为的做法，避免强加给孩子某些行为和观点。

在罗马另一所儿童之家里，一名新来的女教师卡梅拉有很长一段时间不能适应这里的教育原则。

卡梅拉曾是一名小学教师，长时间以来，她用自己的观点和意见去左右孩子的行为。记得卡梅拉刚到儿童之家时，一次她发现一个孩子一次拿了好几个教具，她急忙走上前，对那个孩子说："不要！不要一次拿这么多。"

那个孩子没有听从卡梅拉的意见，照样我行我素。

一会儿，另一个孩子将一块三角形板、一块正方形板、一块梯形板摆在了一块，结果摆出了一个不规则图形。

卡梅拉看到后，走上前，大声告诉他："这样摆是不对的，应该这样……"说着她开始给孩子示范如何去做。

那个孩子不解地看着卡梅拉，他大概从没遇到过教师这样对自己说话。这个时候，卡梅拉有些尴尬，她大概意识到了自己不该限制孩子的行为。

虽然卡梅拉受过我们的培训，她也理解了我们不强加给孩子观点的教育原则，但显然她还不能熟练地将其应用于实践。教师这样的行为，我认为对孩子是有害的。

还有一次，一个叫佩拉的孩子在操作直径相同、高度依次递减的圆柱体插件教具。佩拉正确地插入三个圆柱体后，又拿起一个圆柱体。这一次，他没有将圆柱体的位置放正确，而是将它放到了稍浅一些的孔里（这个孔应放置高度更低一些的圆柱体）。

结果，这个圆柱体露出了孔的表面，显然这个错误很明显，但是佩拉似乎没有发现自己的错误，他继续放置其他的圆柱体。

一旁的卡梅拉大概“好为人师”，她很喜欢纠正孩子的错误，喜欢给孩子提出意见和建议。

卡梅拉发现佩拉没有发现自己的错误，就迫不及待地对他说：“错了，这个孔里应放更小一点的。你放好每个圆柱体后，应该检查一下是否正确……”

卡梅拉耐心地教导佩拉，她拿起与这个孔大小合适的圆柱体，自作主张地将孔里那个高的圆柱体拿出来，将矮一些的圆柱体放了进去。

在我看来，卡梅拉的这一举动真是多此一举，她打扰了佩拉正在进行的自由探索和尝试，把自己的观点和主张强加给了孩子，这是违反我们的教育原则的。

佩拉已经学会如何操作这套圆柱体教具了，他知道怎样是正确的，怎样是错误的，只是他目测圆柱体高度的技能还不熟练，操作中出现错误也是难免的。在接下来的操作中，我相信，佩拉能够发现自己的错误，而不需要教师的指点和说明。

一个成人可以通过身体的活动来代替孩子，也可以通过把自己的意志强加于孩子来代替他们。当这种情况发生时，就不再是孩子自己在行动，而是成人借助孩子在行动了。如果我们过分热情或者用夸张的动作给孩子示范如何做某些事情，那么孩子的思维和判断能力就会受到压抑。

为什么会这样呢？因为在这个过程当中，成人的意志会造成孩子的自我支配能力与其自身分离，屈从于成人的意志下进行活动。虽然后一个自我更强有力，但是它并不属于孩子，这个外来的力量，剥夺了孩子那不成熟的锻炼活动。

因此，要成为一个好的老师，首先就要做到：不要用自己的意识去干预孩子的行为。

授课讲究简明，避免繁杂

给孩子准备好环境和教具后，除了对孩子进行观察，教师还要参与实践，也就是我们说的授课。我们给孩子授课不是让孩子上那种集体课，而是针对不同孩子个体来进行。因此，给孩子上课首先要简单。

我觉得，对于教师来说，诗人但丁说过的一句话很有意义，他说："让你说的每一句话都算数。"

作为教师，我们要特别注意自己说的每一句话是否都有价值，上课时要少说废话，废话越少，我们上课的效果就越好。

教师上课时的语言还要明了，就是要避免讲课含糊不清、模棱两可。实际上，简单和明了这两个特点常常是相关联的。

举个简单的例子来说。我们假设，教师要教会一个孩子识别两种形状——正方形和长方形。教师想要引起孩子对几何形状的注意，于是她说："看这个。"为了让孩子认识这两种形状，她先将正方形给孩子看，并缓慢而发音清楚地说："这个是正方形。"然后她将长方形给孩子看，并说："这个是长方形。"

在教孩子识别这两种形状时，教师简单地呈现正方形和长方形，并用简单的语言向孩子重复说几次两种形状的名称即可，不用说过多的话。

在教学的时候，教师也不必说："想想你吃饭用的饭桌是什么形状的？是不是长方形的？这两种形状是不是一样的？都是长方形的对吗？"这些话就是废话了，它们违反了简单明了的原则。因为，饭桌有正方形的，也有圆形的或其他形状的。同样，在教授其他内容时，教师也要尽量做到简单明了。

我们的教学语言还有一个特点就是要客观。讲课的时候，教师要收敛起自己的个性，避免将自己的观点强加给孩子，也要避免讲那些不合事实的话语及内容。

一次，教师玛拉在给孩子们讲故事，这个故事的寓意是要教育孩子帮助穷人。

这个故事说，有些地方的穷人是因为受富人的欺压才致穷的，所以教导孩子们要帮助这些穷人。

“我们可以尽自己的力量帮助穷人过上好生活，赐给他们食物，让他们有田可种，有房可住……”故事书上这样说。

然而，在年轻教师玛拉的经验中，这样的穷人她很少见到，她见到的穷人大都是因为懒惰才变得贫穷的。于是，她有些愤愤不平地说：“我认为，所有的穷人都是可耻的，他们懒惰，不喜欢靠自己的劳动获得自己想要的。所以，我们不应帮助穷人，就让他们自食其果吧……”

听故事的孩子们迷惑了：我们到底要不要帮助穷人？

的确，玛拉这样讲故事，孩子们怎能不迷惑呢？在他们非常有限的人生经历里，他们难以同时理解玛拉所讲的与书本上所讲的这两种截然不同的观点。

我认为，为了培养孩子的善心，我们可以遵从故事本身，教育孩子要懂得帮助穷人。毕竟在资本主义国家，很多穷人的确是受富人的欺压而致穷的，玛拉将所有穷人贫困的原因都归于懒惰是不客观的。

孩子由于经验、能力所限，一次不能理解和接受太多的信息。因而，教师上课时，讲授内容要避免过于繁杂。

有一位来自公立学校的教师，在参加我们的教师培训时曾演示过如何上一堂集体课。上课的时候，这位教师对一些简单的内容总是做过多的解释，甚至越解释越复杂。

她是这样开始讲课的：“孩子们，你们猜猜我手里有什么东西？”她紧攥着一只手问孩子们。她明知道孩子们猜不出来，她这样做只是为了吸引他们的注意。

接着，这位教师说：“孩子们，你们抬头看看窗外的天空，你们知道它是什么颜色的吗？你们以前注意过它吗？

“你们看我的围裙，你们知道我的围裙是什么颜色的吗？它的颜色是不是和天空的颜色一样呢？

“现在，请你们看我手里的这个东西，它和天空、围裙的颜色一样的，这个颜色就是蓝色。现在你们再看一下周围，看看能否找到蓝色的东西……”

孩子们开始东张西望，不知他们是否真的在寻找蓝色的东西。

“咦？这个窗帘是不是蓝色的呢？”老师转头发现了蓝色小花的窗帘。

在这节课上，为了让孩子们认识蓝色，她列举了很多蓝色的事物，这其实是多余的，况且那些事物的颜色是有些差别的。在孩子刚学习认识蓝色的时候，这种教学方式是不妥的。

接下来，教师又以同样的方式教孩子们认识红色。“你们知道樱桃是什么颜色的吗？知道壁炉里燃烧的木炭是什么颜色的吗？”

教师这样讲下来，孩子们的脑子里就会塞满一大堆混乱的概念：天空、围裙、窗帘、樱桃、木炭、红色、蓝色等，他们简单的头脑肯定被这些复杂的概念迷惑了。

对三四岁的孩子来说，这样的讲课方式过于复杂了，他们很难从这么多的概念与词语里清楚地分辨哪个才是这堂课的主要内容，他们暂时还跟不上教师这种冗长繁杂的讲课方式。

还有一位教师，想教孩子认识和区分噪音和乐音。

她先给孩子们讲了一个故事，正讲着的时候，与她配合的人重重地敲起了门。于是，讲课的老师停止讲故事，她指着门对孩子们大声说：“那是什么？孩子们，你们知道那个敲门的人做了什么吗？那个人这样干扰我，我实在无法再继续讲故事了……”

“孩子们，你们听到了什么？现在你们理解了吗？这就是噪音，噪音……”

教师的脸上露出了对刚才的敲门声不耐烦的神情，当然，她是在表演。

讲乐音的时候，教师拿起了事先准备好的放在桌子上的一把曼陀铃，她说：“我真愿意和这个小婴孩一起玩。是的，可爱的婴孩，我真想和你玩。你们看见我手里抱着的婴孩了吗？”教师又把脸转向孩子们问道。

“它不是婴孩，它是曼陀铃。”几个孩子争先恐后地大声说。

“不，它真的是个婴孩。我喜欢这个婴孩。孩子们，现在请保持安静，我好像听到这个婴孩在叫，或许他在叫爸爸妈妈呢。”说着，这位教师用手轻轻地拨动了一下曼陀铃的琴弦。

“你们仔细听，你们听到了小婴孩在哭吗？你们听到他在大声地叫唤吗？”教师问孩子们。

那些孩子大笑着喊道：“它是曼陀铃，是你弹了它。”

那位教师急忙说：“安静，安静，孩子们。听我下面要说的话。”

等孩子们逐渐安静下来后，教师又弹了几下曼陀铃，并说：“这就是乐音，乐音。”

对这些孩子来说，这位教师讲得过于复杂了。孩子很难从这样的课堂中了解噪音和乐音的区别，因为他们的注意力被教师很多无关的话语和动作分散了。更可笑的是，孩子们可能会认为这个教师很笨，因为她一旦被噪音打断，就无法继续讲故事，她还错误地把曼陀铃当作了小婴孩。

很多教师觉得我提倡的上课方式太简单，他们对此感到不可理解。但是，要想把课讲得简单、明了而客观，并不是那么容易的。

记得曾有一次，我指导一位教师教孩子如何识别正方形和三角形，使用的教具是几何图形木块。

这种教学很简单，就是要求教师给孩子示范，把正方形和三角形木块正确地放到几何图形的洞中，告诉孩子哪些是正方形哪些是三角形，教孩子认识正方形和三角形这两种形状。然而，教师并没有按照我的要求去做。

她按照自己理解的教学方法，一边触摸正方形木块，一边对孩子说："你看，这是一条线，这是另一条线，这里有一条线，这里还有一条线，这个木块一共四条线对不对？用你的手指数数看，一共有几条线？

"这里还有角，数数这些角，用你的手去摸一摸，也有四个对吧？好好看一下这个木块，这就是正方形。"

见这位教师讲得如此复杂，我制止了她，并告诉她这不是在教孩子认识几何形状，而是讲关于边、角、数的概念，这与我们要教给孩子的东西不一样。

这位教师辩解道："这是一回事啊，这就是教孩子认识正方形。"

这当然不一样，一个是识别形状，一个是几何分析。

对这么大的孩子来说，他们可能会容易地从外观上识别正方形的形状，但很难理解边、角等复杂的几何分析，因为这些东西是抽象的。对于教孩子认识几何形状这一教学目的来说，这位教师的话就过于繁杂了，这当然是不对的。

要使我们的课上得简单明了、避免冗长复杂，我提倡可以使用一

种三阶段式教学法。这种教学法非常适合处于孩子期的孩子，它是由塞昆提出来的，他把教学过程分为三个阶段。

比如，在感觉训练中，我们教孩子认识形状，按照三阶段教学法可以这样做：

第一阶段，把形状和名称联系起来。

例如，向孩子出示正方形、三角形这两种形状的木块。出示正方形木块时，就简单地说："这是正方形。"出示三角形木块时，就说："这是三角形。"

然后，把这两种木块放在孩子面前的桌子上，从而让他们清楚地看见，引导他们仔细地观察和触摸。

第二阶段，检查孩子是否认识相应的形状。可对孩子说"请把正方形给我"或"请把三角形给我"。

如果孩子认识正方形和三角形，他就能正确地将正方形或三角形木块找出来。

第三阶段，检查孩子是否牢记相应的形状。我们给孩子看正方形或三角形木块，问他："这是什么？"孩子若记住了这两种形状，他就会回答出"正方形"或"三角形"。

我也在课堂上检验过，发现用这种方式教孩子很有效。

不只是感觉训练，教孩子认识各种物品及其属性也可采用三阶段式教育法，比如我们教孩子认识杯子这个物体，可这样做：

第一阶段，我们对孩子说："这是杯子。"并将杯子递给孩子，让他观察、触摸、感觉。

第二阶段，我们对孩子说："请把杯子递给我。"孩子若认识了杯子，他就会把杯子递给我们。

第三阶段，我们指着杯子问孩子："这是什么？"如果孩子能准确地将"杯子"这个名称和实物联系起来，他就能正确地回答出"杯子"这个词。

利用这种三阶段教学法，把感观刺激与物品名称联系起来，教孩子认识、感受事物，这样做常常会给他们带来很多快乐。

第八章　孩子的敏感期是培养好性格的关键时期

留心，每一个孩子都有敏感期

所谓孩子的敏感期，是孩子在初期发育阶段对某一方面所具有的特殊敏感性。敏感期的孩子，在成长的某个阶段，只对环境中的某一项事物专心，这种专心会让他们产生一种痴迷，让他们不厌其烦地重复这项行为，直到突然爆发出新的动机与灵感为止。这将会让他们体会出一种内在活力并拥有非凡的快乐。

当小鸭子刚从壳里孵出来的时候，它们会执着地跟随第一眼看到的那个动物，这种跟随就不是思考和教育的结果，而是一种先天的内在机制造成的。敏感期使孩子对这个世界无限地热爱，这也是孩子的一种本能的机制，不受任何指导。更重要的是，如果孩子在敏感期内的兴趣受到妨碍，很可能会导致孩子智力发展方面的障碍。虽然如此，我们不能将孩子成长中的敏感性看成一种模糊的遗传，在教育活动中，我们仍需要对这种敏感性加以悉心引导，同时要保护孩子的这种本能，因为如果它遭到了破坏，就意味着孩子将会软弱和缺乏活力。

这种敏感性是非常宝贵的，如果孩子在其敏感期内没有按自己的敏感指令行事，他将会永远丧失这种天赋。在心理发展阶段，孩子已经表现出了惊人的自我发展能力，他们凭借一种不可思议的手段，无师自通地掌握了许多东西，最典范的例子就是他们几乎人人都能够熟练地运用母语。那么，这些惊人的成绩是如何取得的呢？其实，这些成绩都归功于孩子在敏感期毫无疲劳地、愉快地学习。

通过观察与研究，孩子的敏感期表现在如下几个阶段：秩序敏感期（0～4岁）、感官敏感期（0～5岁）、语言敏感期（0～6岁）、动作敏感期（0～6岁）、细节敏感期（1.5～4岁）、社会规范敏感期(2.5～6岁）、书写敏感期（3.5～4.5岁）、阅读敏感期（4.5～6岁）和文化敏感期（6～9岁）。在这几个敏感期里，他们能学会自我调节并掌握某些技能，这种灵感就像是一束光把他们的内心照亮。这种敏感性使孩子以一种独特的、强烈的方式来对待外界事物，让他们对一切都充满了活力和激情，而且能够轻松地做他们为之敏感的事情。所以我们说，敏感期是自然赋予孩子的财富。成人是没有敏感期的，我们通常会发现，当我们成年后，如果想在心智上有所进步，就只能通过思维的加工、主观的努力和不倦的研究才能获得，成人往往会付出更多的努力。因此，如果能够抓住孩子的敏感期来促进他们的发展，将会取得事半功倍的效果。相反，如果孩子的生理和心理需求受到妨碍而无法得到充分的发展，孩子就会失去学习的最佳时机，能力和智力都会受到很大影响。

如何把握孩子的敏感期？其原则是细心观察，适度给予孩子自由。孩子的培养和教育应符合其自身的发展规律，因此，不管是老师还是父母，都应注意使用科学的教育引导方法。我们可以按照以下五点来进行：

其一，把孩子当作有独立行为能力的个体。道理很简单，前面已经做过很多解释。任何孩子都是天生的学习者，因此，我们应该尊重孩子的自然属性，他们就像小动物一样，会遵循自然本能的成长法则健康成长。正如小鸟长到一定阶段就会飞，小狮子长大后就会捕猎。人类也一样，孩子们是能够在正常的环境中不断地成长为更有能力的个体的，父母的责任，只是为孩子提供一个正常的环境。这是一个重要的观念，成人可能一时很难接受。成人只有改变原来不正确的观念，才能对此有深刻的认识。

其二，细心观察孩子敏感期的出现。即使你能够接受以上观点，也不等于你就可以高枕无忧了，因为我们还必须时刻注意孩子敏感期的出现。如果孩子敏感期出现时你浑然不觉，那可能会白白错过大好的教育时机。每个孩子都有敏感期，但并不是每个孩子的敏感期都是一成不变的，恰恰相反，每个孩子敏感期出现的时间并不相同。因此，我们必须学习，并且认真地观察，然后再以客观的态度，细心分析孩子的内在需求和个体的特质，正确对待孩子敏感期的出现，并随之给孩子提供必要的发展条件。

其三，当孩子的敏感期出现时，要及时提供必需的环境和条件。一旦确定孩子到了某一个敏感期，父母就要竭尽全力针对这个敏感期

孩子的需求，为孩子创造适合的条件和环境。

其四，在敏感期要鼓励孩子独立探索和尝试。如果父母给孩子提供一个适当的自由环境，孩子会感觉快乐，而且会感受到父母的尊重与信赖，但是他们很难用语言表达，因此，我们应该认可他们的这种欢乐，并且对他们的每一次探索和尝试都加以鼓励，这样会让孩子在不知不觉的行动中，发挥出天赋。

其五，成人要尽量不干涉这个过程。孩子可能会做出一些令人意想不到的事情，遇到这种情况，我们更应该协助孩子进行探索，尽量帮助他们寻找事物的合理性，并且加以良性引导。这个时期孩子所面对的事情，很可能是他无法完成的，所以他们的举动常常被视为一种添乱的举动。对此，父母要有思想准备，应该学会容忍。当然，容忍并不是对孩子放任自流，而是发挥父母的主导作用，发挥孩子的主体作用。父母的责任应该是适时协助和适当指导孩子。

那么，孩子的敏感期是怎么出现的呢？它是在一定的外界环境中出现的，而且是环境为其提供了发展的必要条件。当环境与孩子的内部需要协调一致时，一切都会顺其自然地实现。

因此，为了保护好孩子的敏感期，让他们在敏感期获得更多的能力，我们应该注重为孩子创造适合其敏感期发展的环境。

孩子的许多伤痕都是大人无意识烙上去的

作为一个独立的个体来到这个世界，孩子起初的时候对这个世界是一无所知的，可是随着慢慢长大，他渐渐学会了说话，也渐渐学会了走路和更多其他的事情。并没有谁特意去教他这些，他是如何做到的呢?

让我们一起来看看自然界中的一些例子吧！或许，从这些例子中，我们能找到答案。

当蝴蝶还在幼虫阶段的时候，它常常以叶子为食。在幼虫诞生的最初几天里，它还不能吞噬大片的叶子，只能进食树枝尖端的嫩芽。聪明的雌蝴蝶便将虫卵产在树枝交接的地方，那里既安全又隐蔽。当这些幼虫钻出外壳时，是谁告诉幼虫它们所需要的嫩芽就在上面的树梢上呢?

对光线的敏感！新生幼虫的各个器官的能力虽然还很弱，但却具备对光、热等外界物质的感知能力。靠着本身对光与热的感知，它们能爬到树枝上最亮的地方，去寻找适合自己的食物，以满足自己的食欲。

荷兰科学家德弗里斯将昆虫身上这种对外界环境自动自发的感知称为昆虫的敏感期。让人感到神奇的是，一旦幼虫长到能吃较粗的食物时，它的敏感期也就过去了。也就是说，它失去了对光的敏感性，不再特别被光线吸引。当然，这并不是说它变成了瞎子，而只表明它在某一阶段对光的特殊感知消失了。幼虫会进入下一个成长阶段——沿着不同的道路寻找其他的经验和其他生存手段。

动物界中的例子让我们意识到每个生命在成长的过程中都存在着助其发展的关键因素。孩子自然也不会例外。相对于自然界这些小动物，孩子天生具有一种敏感性，在这种敏感性的刺激下，孩子常常会做出许多让大人吃惊的举动。

例如，孩子之所以不肯吃那些带有伤疤的水果，是因为他们进入了追求完美的敏感期。在这一敏感期内，孩子要求与他们相关的一切事情都是完美的，一切有瑕疵的物品都会遭到他们的拒绝。再比如，孩子喜欢上下楼梯、喜欢垒高，是因为他们进入了对空间的敏感期。在这一时期，他们对一切带坡的事物都十分着迷……

这些，都是孩子成长的秘密。

回忆孩子成长的每个点滴，我们会发现，在心理的发展时期，每个孩子都曾经表现出惊人的敏感性。只是由于我们平时见怪不怪、熟视无睹，才忽视了孩子在敏感期的特点，从而错过了对孩子在敏感期的引导。

然而，大多数时候，孩子都是在敏感期学会自我调节和掌握某些东西的。孩子在这一时期会尝试去学习和掌握一些东西，他像被点燃了激情之火似的，对外界事物充满探究的动力。正是这种敏感性，使孩子强烈地渴望接触外部世界，强烈地渴望得到新的刺激和知识。在这一时期，他们特别容易学会某件事情，也总是充满活力和激情。这期间的每一个成就都表明他们的力量在增强，只有达到既定的目标之后，他们才会停止工作。

当然，在孩子时期孩子这种敏感性并不会间断。当一种精神的激情耗尽之后，另一种激情又会产生。在一种稳定的节奏中，孩子从一种征服到另一种征服，由此得到了欢乐和幸福。正是在这种纯洁的火焰中，他们的精神世界才能达到完美。

这也是孩子心理和成人心理的基本区别。孩子有一种成人无法想象的特殊内在活力，它能促使孩子以特殊的方式自然地征服事物，进而完成既定目标。

同时，我们还要注意这样一点：如果孩子在敏感期遇到障碍而不能很好地完成自己的目标，他的心绪就会紊乱，甚至变得乖戾。像有些孩子表现得孤僻、自闭，就跟人们对孩子敏感期的关注程度不够有很大关系。

成人给孩子的心理造成了许多创伤，而这些创伤大部分是由成人无意识地烙上去的。

秩序，是孩子内在心理的一种需求

孩子的心理世界是神秘莫测的。在很多情况下，孩子会出人意料地哭泣，大人们的安抚对他们无济于事。这究竟是什么原因呢？其实，在大多数情况下，是因为孩子发现原有的秩序感遭到了破坏，于是会觉得身心不舒服，从而开始哭闹。

秩序的敏感期在孩子出生后的第一年就出现了，并一直持续到第二年。这个时期的孩子对一些成人不会注意到的小细节非常在意。如果变动了某些原有秩序，孩子一下子就能看出来，并且会感觉非常不舒服，会坚持到改回来。比如说，一块香皂没有放在香皂盒里，而放在了脸盆架上，那么一个两岁的孩子会突然注意到它，并把它重新放回原来的地方。同样，如果一把椅子被放在了不适当的地方，一个两岁的孩子也会把它挪到他认为它应该在的地方。

在儿童之家发生过一件很有趣的事情。

有一次，一位妈妈看见儿子蹲在地上，神情专注地盯着一堆散沙看了又看。这位妈妈走过去，随手就把沙子弄散了。结果孩子立刻就哭了起来，一边哭还一边把散落的沙子又重新堆起来，并一点点地把散沙捧回到原来的地方。

秩序感带给孩子这样的认知：每一件东西都有它固定的位置，而且这种位置是不能更改的。对孩子来说，记住每件东西放在哪里很重要，这正是他们认识世界的开始。如果孩子有了秩序感，他们能够适应所生活的环境，那么很多细节性的东西都逃不过他们的眼睛。

有一位身体欠佳的女士躺在躺椅上，背部垫了两个枕头。这位女士有一个两岁大的女儿，女儿走到她跟前，要妈妈给她讲故事。妈妈当然不会拒绝女儿这样的要求。虽然她身体不怎么舒服，但还是很高兴地讲故事给女儿听，小女孩竖起耳朵，全神贯注地听妈妈讲故事。

但讲着讲着，妈妈就坚持不下去了，不得不中断所讲的故事。女仆就走过来扶她到隔壁房间去休息。一直蹲在躺椅旁边听妈妈讲故事的小女孩开始大哭起来。女仆认为孩子可能是因为妈妈身体不舒服而哭，于是安慰小女孩说："妈妈会好的，别担心。"

正当女仆把枕头从椅子上拿起来，要给她妈妈送到卧室去的时候，这个小女孩的哭声更大了，她一边哭一边喊道："不，枕头……"她不让保姆把枕头拿到屋子里去。

女仆好言好语地哄着小女孩，并把她带到了她妈妈的床边。妈妈虽然身体遭受着折磨，但看着哭泣的女儿，还是强打起精神继续给女儿讲故事，她觉得满足了女儿的需要，她就不会哭了。可是，这个小女孩还是哭个不停，断断续续地说："妈妈……椅子！"

其实，小女孩是想告诉妈妈，她应该坐在那把垫了两个枕头的椅子上，而不是躺在床上。这时候，吸引小女孩注意力的已经不再是妈妈讲的故事了，而是妈妈改变了位置的枕头。这个情况导致小女孩内心的秩序感产生混乱，突然的改变让她觉得世界被破坏，她开始变得不知所措。

孩子对秩序敏感的例子还有很多。

一次，我和一群旅行者一起穿过那不勒斯的新隧道，其中一位年轻的妇女领着一个大约一岁半的孩子，这小孩太小了，以致不能步行走完这段颇长的旅程。

隔了一段时间，这小孩累了，他母亲把他抱在怀中，但她错误地估计了自己的能力。劳累使得这位母亲热起来，她停下来，脱掉外套并把它搭在手臂上，再次抱起了小孩。但意外的是，孩子开始哭闹起来，而且哭声越来越大。他的母亲想方设法让他平静下来，但全然无效。这群旅行者中的其他人也有些忧虑，他们很自然地给了她一些帮助。于是，这个小孩被从一只手臂换到另一只手臂，但他变得更不适。人们对这小孩说尽称赞和夸奖的话，但这使情况变得更糟。很明显，这小孩的母亲不得不把他抱回来。但到了这时候，孩子已经变得十分狂暴。

我相信这种反应是由于孩子的内在敏感性导致的，于是我决定去尝试一下。我走到这个小孩的母亲面前，对她说：“我帮你穿上外套，好吗？”她惊讶地看着我，因为她现在很热。虽然她有些不明所以，但仍然听从了我的建议，于是我帮她穿好了外套。小孩立即平静下来。

他的眼泪和不安消失了，他不断地说："衣服……肩膀……"这表示"你的衣服在你的身上了"。是的，母亲应该把衣服穿在身上。对孩子来说这似乎意味着"你终于理解我了"。他笑着向他母亲伸出了手臂。我们顺利地穿过隧道，结束了这次旅行。衣服是用来穿在身上的，而不应该搭在手臂上。这个小孩在他母亲身上看到的这种无秩序之举，就是孩子哭闹不止的原因。

还要这样一个故事，也能说明孩子的内在敏感性。

一个六个月大的女婴安静地躺在房间里，一位女士来到她所在的房间，并把一把遮阳伞随手放在桌子上。结果，这个女婴立即不安起来，盯着那把伞看了好一会儿，然后开始哭了起来。

这位女士觉得女婴可能想要那把伞，就微笑着把伞送到她面前。女婴却不碰伞，继续哭闹着。这位女士用尽办法去哄她，却一点儿用都没有，情况反而变得更加严重。

最后，女婴的妈妈明白了，她从桌子上拿起那把伞，把它放到女婴看不见的地方，女婴马上就安静了下来。

原来，伞放在了桌子上才是让女婴不安、哭闹的原因，这把原来不在这个房间里的伞严重扰乱了她内心的秩序感。

当孩子发现物品放置凌乱、没有秩序，他们往往就会感到不安，对混乱的事物产生厌恶情绪，并且非常渴望它们能够回到原来的位置上去。当这种秩序感得到满足时，孩子就会觉得非常开心和快乐。

有秩序的环境会让孩子感觉舒适，让他们感觉放松，更能满足他们的心灵。孩子需要有秩序的环境，就好比动物需要广袤的大地、鱼儿需要潺潺的流水一样。孩子需要的是，就算闭着眼睛行走都能找到他所熟悉的东西的感觉。秩序感使他们意识到每样物品都应该有其合适的位置，而且他们能记住每件东西原来的位置。这让他们觉得，这个世界能带给他们稳定和安全感。

观察我们四周，那些3～4岁的孩子，最乐于做的事情就是把东西放回过去习惯放置的地方。孩子在适应环境的同时，还能够了解周围的事物，而在有秩序的环境里生活，他们会感到平静和快乐。

秩序让孩子产生了一种自然的快乐，这可以从幼小的孩子所做的游戏上看出来。

在做进一步的阐述之前，我们应该提一下日内瓦的皮亚杰教授对自己的孩子所做的一项实验：

他在一把椅子的垫子底下藏了一件物品，然后把他的孩子打发出这间屋子，他拿起这件物品并把它放在第一把椅子对面的另一把椅子的垫子底下。皮亚杰教授觉得孩子会先在第一只垫子底下寻找物品，当找不到后，他会到另一块垫子底下寻找。但是，当孩子回到房间后，他所做的就是：掀起第一把椅子的垫子去寻找物品，然后用尚不清晰的表达方式说：“没了。”他并没有到其他地方去寻找这件物品。

接着，皮亚杰教授重复这项实验，他让孩子看到他从一只垫子底下拿出物品，接着把它放在另一只垫子底下。但孩子还是像以前那样在前一只垫子下找了一遍后说：“没了。”皮亚杰教授这时给出的结论是：他的儿子智力有问题。他有点儿不耐烦地掀起第二把椅子的垫子说：“你没有看到我把东西放在这里吗？”小孩回答说：“我看到了。”然后指着第一把椅子说：“但它应该在那里。”

孩子感兴趣的并不是找到物品，而是他在物品应该在的地方找到它。他显然认为，教授不理解这种游戏。如果不把物品放在适当的地方，这种游戏还有什么意思呢？

我曾经看到两三岁的孩子玩一种叫捉迷藏的游戏，对此我确实惊讶不已。

他们看起来很高兴、很激动，对他们正在做的这件事充满期望。他们是怎样做这种游戏的呢？一个孩子弯下身子爬到一张覆盖着拖到地面的桌布的桌子底下。小伙伴们看到他爬进去之后就走出这个房间，然后再回来掀起桌布，当他们发现这个同伴依然在桌子底下时就高兴得大嚷一声。这种游戏一遍又一遍地重复着。他们依次说：“现在，我来藏。”然后爬到那张桌子底下。

有一天，我也参加了这种游戏。我看到一群孩子高兴地嚷着、拍着手，因为他们找到了躲在门背后的同伴。他们走到我跟前说：“跟我们一起玩吧，你藏起来。”我接受了邀请。他们都老实地奔出了这个房间，似乎并不想看我会藏在哪儿。我并没有走到门背后，而是躲在一只柜子后面的角落里。孩子们回来了，他们一起走到门背后来找我。我等了一会儿，最后看到他们放弃找我了，我就走出躲藏的地方。孩子们悲哀而迷惑地问道：“为什么你不跟我们一起玩？为什么你不藏起来？”

如果游戏的目的是为了快乐（事实上，孩子很高兴重复这种简单动作），那就必须承认，在孩子生命中的某一个时期，孩子们的快乐就是在适当的场所找到物品。根据他们的解释，躲藏就是在一个隐蔽的地方放置或找到某些东西，正如他们所说的：“你们不可能看到它，但是我知道它在哪里，我闭着眼睛也能找到它。”

自然赋予了孩子对秩序的敏感性，这样，秩序就成了孩子的一种内在心理需求。对孩子来说，秩序就像在大地上漫步的羊群、水中游来游去的鱼儿那般自然，应该保持它的稳定性。

不要错过孩子的语言敏感期

孩子拥有让成人不可思议的语言潜能，即便在没有老师教导的情况下，孩子仅依靠自己的本能和耳濡目染就能熟练掌握一门语言。而成人即使有人在旁边一直反复地教导，似乎也不能像孩子那样将这门新的语言运用得很娴熟。

孩子出生之后，虽然他们表面上给人的感觉总是在睡觉，但其实他们在运用特殊的感知能力感受着周围的环境和语言。当他们醒后，听觉神经也随之醒来，并开始发挥作用。即使他们听到了美妙的音乐，却也好像没听见一般，好像除了人说话的声音外，他们对其他的声音并不感兴趣。其实这只是因为他们当时只对语言才产生特殊的反应。

孩子之所以对人类语言有这种特殊的反应，是由他们的语言机制决定的，这种机制让他们将语言和其他声音区分开来，从而能够专注地学习语言。假设一个孩子出生后就没有听到过人类的语言，他就会模仿周边的声音，长此以往，等他长大后会成为一个出色的声音模仿者，却无法像正常人一样说话和交流，这一点已经在那些“野孩”身上得到了验证。之所以会产生这样的结果，就是因为在孩童时期，这些“野孩”的语言机制没有被激发出来。

还有一点必须强调，即这种机制是专门针对语言学习的，人类不能直接掌握语言，而是要先通过这种机制将语言从众多声音中分离出来，然后加以学习。正是因为孩子具备这样的能力，他们才能够非常自然地学习、掌握、使用语言。

世界上有众多种族，几乎每个种族都有自己的语言。不管语言简单还是复杂，这一族的孩子都能够在很短的时间内，按照一定的方式学会自己族群的语言。所以我们要非常重视对孩子早期的语言教育，要为孩子提供良好的语言环境，这样能使孩子在语言发展的最初阶段将语言学习能力提升到最佳的水平。

孩子的心灵具有吸收性，正是这种吸收性让他们能从环境中获得语言能力。遗传不直接决定孩子的语言能力，这种能力是通过后天努力培养出来的。如果父母能够在孩子的语言敏感期给孩子营造特定的语言环境，孩子就会在这样的环境中很容易地学会某种语言。需要注意的是，孩子的语言敏感期非常短暂，一旦没有抓住这个时期，就会让孩子错过最佳的语言学习阶段，而且这个阶段一旦错过就不会再有。

说到孩子语言敏感期的重要性，那么如何合理运用这一时期对孩子的成长至关重要。一至三岁是孩子学习语言的最佳时期，此时孩子的语言学习能力最强，即所谓的语言敏感期。只要在这一时期重视对他们语言的培养，孩子的语言能力就能够得到充分开发。

孩子的语言表达能力对其未来发展非常重要。我们经常可以看到这样的情况：有些孩子一岁多就能很流利地说话，而有的孩子到了三岁还无法完整地说出一个句子。造成这一差异的直接原因就是父母平时对孩子语言能力的培养有所不同。

在孩子婴儿期的时候，父母就要养成与孩子聊天的习惯。在家里，父母要有经常与孩子说话的意识，而且这种意识要从孩子一出生就养成。虽然孩子在婴儿期听不懂我们说的话，但他们能够通过敏感的感官去体会我们脸上的各种神情和声音，从而来明白我们话语的内涵和情感。

早晨起床时、出门时、吃饭前和晚上睡觉前，都是与孩子说话交流的好时机，在这一段时间内，父母要习惯对着孩子“自言自语”。这种做法要持续到孩子一岁半左右，在这段时间内，孩子会逐渐听懂父母话中表达的意思。等孩子可以发声说话时，父母就可以通过和孩子交流，引导孩子去表达自己的想法。

父母要有意识地带领孩子去观察周围的东西，并将这些东西的名称告诉孩子。最初要让孩子熟悉他们身边的东西，比如玩具、屋子里摆放的物品等，同时还要经常带孩子走出房间去观察外面的花草树木。带孩子出去散步的时候，可以为孩子介绍各种交通工具。

等孩子稍微再长大一些，就可以有意识地让他们自己去辨别周围的人，去观察各种事物。在这一过程中，不是让孩子单纯地去观察，而是需要父母在孩子观察的同时与孩子交流，为他们介绍他们所观察到的各种东西的名称，比如床、沙发、桌子、椅子、电视等。等孩子再长大一些，就可以告诉孩子这些东西应该如何摆放、有什么用途。一些看似简单的日常生活问题也可以与孩子一起讨论，并引导他们自己思考和作答，比如问孩子：“天黑了应该做什么？”或者问：“天冷（热）了怎么办？”

在与孩子交流时，父母的态度要亲和，说话的速度要慢，吐字要清晰，不要说太长的句子，最重要的是用语一定要规范。这样，对孩子的语言表述能力才能起到正确的引导作用。父母还要调动孩子说话的积极性，即便孩子一时不明白你说的话，也不能带有任何厌烦情绪，要有足够的耐心解释给他听，让孩子明白你的意思，让他知道怎么做才是正确的。

生活中，要随时随地与孩子进行沟通，还要主动创造与孩子沟通的机会。这样既能充分开发孩子的语言能力，还有助于孩子在日常生活中养成良好的习惯。父母还可以将生活中要注意的事情编成简短的儿歌，说给孩子听，比如："喝完水，擦擦嘴，喝水杯，放原位；天黑了，要睡觉，鞋子脱完要摆好；先脱裤，后脱衣，裤子衣服放整齐……"

在日常生活中父母要经常与孩子进行沟通，重复告诉孩子生活中应该注意的事项。不知不觉中你就会发现，自己的孩子会比其他孩子更快地学会使用语言，而且能够更清楚地表达自己的想法。

孩子说话并不是单纯地表达他们的想法，还表达他们的情绪和感受。为了培养孩子的语言能力，在日常生活中，父母应该鼓励孩子多跟自己说话，练习发音、积累词汇，学会准确而规范地说话。

一岁左右的孩子，就已经开始有意识地说话了。虽然这个年龄的孩子无法清晰流利地说话，但是他们的语言已经有目的性了。而且在此期间，他们开始逐渐意识到语言和事物之间的联系，这也调动了他们学习语言的积极性与欲望。

等孩子长到两三岁，生活中的一些基本的表达他们已经能够轻松做到，但是仍会出现词不达意或表达不流畅的情况。此时，就可以通过用孩子熟悉的东西来对孩子进行训练。具体方法是父母说上句，让孩子对下句，如：糖是——（甜的），盐是——（咸的），醋是——

（酸的），饼干是——（方的），苹果是——（圆的）……类似的对话可以设计很多，父母在对话中要注意纠正孩子的发音，让孩子准确地表达。这样的对话既能锻炼孩子的语言能力，还能让孩子学到许多知识。

孩子所关注的，和成人完全不一样

在孩子的眼里一切都是美好的、纯洁的，只有等他们渐渐长大，他们才不再容易被一些漂亮的物体和鲜艳的色彩所吸引，转而开始对一些小物体感兴趣。换句话说，他们会对不显眼的小东西或是意识边缘的东西感兴趣。

对此，我们可以从一个15个月大的小女孩身上发现孩子对细节的敏感性：

妈妈带着女孩在花园里玩耍。一会儿工夫，小女孩坐在花园里捧腹大笑，这对一个才15个月大的小女孩来说很不寻常。她坐在砖块上，处于一种沉醉的状态，附近的花坛里，一株株天竺葵在骄阳下显得十分艳丽，但是很奇怪，小女孩的眼睛并没有去看它们，而是盯着地上的砖块。在她的妈妈看来，那些砖块显然并没有什么好看的。妈妈见小女孩对砖块兴趣浓厚，便慢慢走近她，仔细看了看那些砖块，但并没有看到任何特别的东西。小女孩却惊奇地告诉妈妈：“那里有一只小东西在动！”在小女孩的指点下，妈妈终于看到一只跟砖头的颜色差不多、微小到几乎看不见的小虫在蠕动。

这个发现让小女孩很兴奋，她在快乐的叫喊声中迸发出好奇心，其叫嚷声远远高过小孩寻常的音量，这种欢乐不是来自阳光、不是来自花朵、也不是来自她周围艳丽的色彩，而是来自一只和砖头颜色差不多的小虫！

相似的情况在生活中总是不断上演：

比如说，孩子在地上爬的时候，可能因为地上有一个小坑或小洞，他便会睁大眼睛仔细地瞅上好一会儿，甚至会伸出小手在地上摸索；比如说，孩子在屋里玩耍的时候，无意间发现某个家具上有把手，他可能就会充满好奇地握住那个把手并不住地开开关关。这些生活中的细节，往往是我们成人所注意不到的。

就像下面这个男孩的例子：

妈妈给儿子收集了很多色彩艳丽的明信片，这些明信片上画有蜜蜂、狮子、长颈鹿和猴子，以及各种可能会让孩子感兴趣的鸟。妈妈认为，这样一方面可以让他玩得高兴，一方面也能让他利用这些明信片学习知识。

小男孩对这些明信片似乎也很感兴趣，他用孩子的语言欢快地对妈妈说：“嘀——嘀——”妈妈知道，他的意思是说“汽车”。妈妈感到奇怪：她并没有给孩子买汽车玩具，这个孩子是从哪里看到汽车的呢？于是妈妈对孩子说："我并没有看到汽车啊？"

男孩看着妈妈，从明信片中挑出一张，兴高采烈地对妈妈说："你看，在这里！"在这明信片的中央，可以看到一只美丽的猎狗，远处有一个猎人，他肩上扛了一把枪，在一个角落里可以看到一座小屋和弯弯曲曲的一条线，可以肯定那是一条路，在这条线上还可以看到一个黑点。

小男孩用手指着那个黑点说："嘀——嘀——"事实上，虽然这个黑点极小，以至于几乎看不到，但妈妈可以明白这个小黑点确实表示一辆汽车，一辆汽车按如此小的比例描绘出来，连大人都很难发现它，但这倒引起了小男孩的注意，促使他欢快地喊出了声。

这时孩子的妈妈想：也许孩子的注意力还能被明信片上更多漂亮有用的东西吸引。于是她挑出一张画有长颈鹿的明信片，开始对他解释："你看，这个小动物的脖子真长。"小男孩却是一脸平淡地回答："这是长颈鹿，我见过。"

看看，孩子所注意的东西和我们成人注意的是完全不一样的，我们成人往往容易被大的目标所吸引，孩子则往往更容易关注细微处。

对成人来说，孩子的心灵是一个深奥难解的谜。这个谜之所以使成人感到困惑，是因为成人总是根据自己的想法来做出判断，他们并没有站在孩子的立场想问题。

这种感觉就像一个人试图让聋人听见他的话一样，然而这个人费尽了千辛万苦，结果却只能以失败告终。孩子就跟这个一点儿都不聋的聋人一样，他之所以没有被我们所提供的东西吸引，是因为他看见了其他对他来说更有意思的东西。很多时候，我们都注意不到这些事物。

下面，我们还可以看看这样一个故事：

一位年轻的母亲正给她18个月大的儿子讲故事：“我有一本书，书名是《小黑人萨姆博》。萨姆博是个小黑人，在他生日那天，他从父母那里得到了许多礼物，有帽子、鞋子、长筒袜和色彩艳丽的外衣。当他的父母正在为他准备丰盛的饭菜时，萨姆博急不可耐地要炫耀他的新衣服，于是他不打招呼就出门了。在街上他碰到了很多动物，为了安抚他们，他给了每个动物一样东西，他把帽子给了长颈鹿，把鞋子给了老虎，等等。最后，他却只能光着身子流着泪回家。但是这个故事的结尾是愉快的，因为他的父母宽恕了他，并和他一起享用了丰盛的饭菜。”

母亲把故事的插图本拿给孩子看，孩子却不断地说：“不，Lola。”母亲很惊讶：Lola是一个曾经照管过他几天的保姆的名字，男孩不断地重复“Lola”是为什么呢？这时，小男孩却开始哭了起来，叫“Lola”的声音比之前更响，而且指着这本书的最后一页。那里画着一个可怜的正在哭的小黑人。这时，母亲才真正理解孩子说的“Lola”的含义。男孩把西班牙语“llora（他在哭）”的音发成了“Lola”。

小孩是对的，这本书的最后一幅画并没有描绘一个愉快的场面，画的是萨姆博在哭。没有人注意到这一点。因此，当小孩听到他母亲说“这故事的结尾是愉快的”时，他的抗议行为是完全合乎逻辑的。

很明显，小男孩看这本书看得比他的母亲更仔细，他看到了最后一幅画是萨姆博在哭，虽然他不能完整地理解母亲说的故事，但他的观察力确实是惊人的。

我们应努力找寻孩子举动背后所隐藏着的可理解的原因，因为没有某个原因、没有某种动机，孩子就不会做某件事情。

孩子天生就是一个积极的观察者

孩子似乎天生就是一个积极的观察者，他们通过感官吸收印象，再有选择地挑选印象，并根据一种内在冲动、感觉或者兴趣而采取相应的行动。

用一个例子加以解释，也许能更清楚地阐明这个问题：

一个出生只有四个星期的孩子，从未被带离过出生的那幢房子。一天，保姆抱着这个孩子时，孩子看到了他的父亲和他的叔叔在一起。这两个人身高差不多，年龄也相仿。孩子大吃一惊，变得害怕起来，不敢看这两个人。如何消除孩子的恐惧感呢？孩子的父母请来了教育专家，专家在了解到情况之后，给出了这样的建议：在孩子的视

力范围内，他们必须分开，一个到右边、一个到左边。

当他们这样做的时候，孩子转过头看着其中一个，对他凝视了一会儿，然后突然笑起来。但是随后，他突然变得忧虑起来，他迅速地转过头看另一个人。只隔了一会儿，他又对那个人笑了。他重复着把头左右转动好多次，脸上交替地显示出忧虑和笑意，直到他终于认识到他的身边实际上有两个人为止。

这两个人是出现在这个孩子视线中的仅有的男人。他们两人分别跟他在不同的场合玩过，把他抱在怀中，充满深情地跟他说话。这个孩子终于认识到，有一个人不同于他的母亲、保姆和家里的其他女人。但他从来没有看到两个男人一起出现过，所以，他认为家里只有一个男人。当突然遇到两个男人在一起的情况时，他就会变得警觉和不安起来。

事实上，在现实生活中，很多人意识不到孩子正处在观察敏感期，他们在无意当中打乱了孩子精神世界中的这种内部的组织工作，干扰了他们的观察敏感性。

比如下面这个例子：

一个六个月大的孩子坐在地板上玩一只枕头。枕头上有花和孩子的图案，他正兴致勃勃地闻着图案上的花并吻着图案上的孩子。

照管他的女仆认为，如果他能闻和吻其他东西，也许他也会高兴的。于是，她给这个孩子拿来各种东西并说：“闻这个！吻这个！”但结果是什么样的呢？

孩子大哭起来，他对女仆给他的东西并不感兴趣。而且更严重的是，孩子的心灵世界被打乱了。因为他的心灵正处于自我组织的过程中，他正通过识别图像来把它们固定在记忆中，他正在幸福、平静地进行着内部构造的工作。他那试图获得一种内部协调的努力，被一个不了解他心灵世界活动的成人打乱了。

仔细想想：这种情况是不是也经常发生在你的身边？

当孩子正在专注地观察某个事物的时候，你走过去拉住他的小手，或吻他，或试图让他去睡觉，从而忽视了他正在进行的活动；当孩子兴致勃勃地在堆沙土或者垒积木时，你走过去将他从沉迷的游戏中拽出来，呵斥他为何不肯乖乖来吃饭，忽略了他在垒积木的时候眼神里那异样的神采……

或许，我们意识不到，当我们粗暴地打断孩子的思维或企图分他的心时，就会阻碍孩子内部的组织工作。由于对孩子观察敏感期的无知，成人常会压抑孩子的欲望。

遗憾的是，现实生活中很多成人都会犯这样的错误。当敏感期的孩子出现强烈的情绪反应时，成人只是简单地想让他平静下来，而对他所表示出的反抗行为不加揣测，对孩子表现出的各种不符合成人意愿的行为，成人都将其打上“任性”“耍赖”“不听话”“胡思乱想”等标签。

然而，成人在这样做的时候，却忽视了一点：一旦出现这些负面的情绪且得不到疏解，孩子今后的情况就可能更加恶化，这种负面的情绪会对孩子的后继行为产生影响，严重的可能影响孩子的一生。

正因如此，作为成人，当处于观察敏感期的孩子身上出现一些负面的情绪反应时，我们不该简单粗暴地对孩子进行呵斥、指责或者给孩子打上这样那样的主观主义烙印，而要了解孩子的内心，尊重敏感期孩子的意愿及其成长规律。

拿我们生活中最常见的一个例子来说：孩子哭闹。

当孩子正满怀热情地打算做一件事情的时候，由于还不能很好地表达自己的意愿和想法，当受到父母的干扰和阻碍时，他们往往会以哭喊或愤怒来表达自己的不满情绪。而父母一般都不知道这些行为背后的真正原因，误认为这是孩子在无理取闹，因而将其归罪于孩子还不懂事或太任性。

其实，孩子的哭闹行为背后都隐藏着一个不为成人所知的原因——渴望成人能给予他们理解和配合。孩子发脾气的主要原因是他们的需求没有得到满足。所以，只要成人能够明白他们内心的需要、满足他们的需求，他们自然会平静下来。

因此，我们必须寻找孩子任性背后的原因。一旦找到这些原因，我们就能深入孩子的心灵深处，并为我们更好地理解孩子以及跟孩子和谐相处打下基础。

孩子的世界，是新奇而美丽的

美是人类自由创造的结晶，两岁以后的孩子，最富有这种创造激情和创造精神。孩子的世界是新奇而美丽，充满惊异和兴奋的。孩子们对美有一种天生的向往。但对于多数人来说，随着年龄的增长，爱一切美丽的事物的天性就慢慢变得迟钝，甚至丧失殆尽。爱美，是人类的天性。人类正是凭着对美的认识和热爱，创造出人世间千姿百态的美，使生活焕发出光彩，创造了历史上灿烂的物质文明和精神文明。因此，保护孩子们美的天性尤为重要。

在孩子教育中为什么会有美育？培养孩子对美的敏锐感觉的意义就在于保护和不断发展孩子的创造和想象能力，使这些能力不至于随着年龄的增长而丧失；其实它不是教育，而只是一种保护。充分了解了孩子们的这种天性，也为我们呵护这种天性打下了基础。

孩子的想象世界非常丰富，一块积木、一堆沙土、一个小动物等简单的物品都能被他们编出许多童稚的故事，为他们提供美好的天地。由此而知，通过他们内心的想象，他们可以领略到大自然的鸟语花香、高山流水、蜂蝶飞舞等美妙动人的场景。那么，这些美好的事物对于孩子的生活和成长又有什么意义呢？

南斯拉夫一所学校的实验研究发现，经过多年观察，在该校受过良好的音乐和美术教育的孩子到了成年以后，仍然能够对周围的世界保持着强烈的好奇心和热情，他们对周围的音乐和美术活动以及所有富于创造性的活动都抱有极大的兴趣，而在生活中他们也勇于克服困难，不怕失败，对于美的敏感性也比一般人强。更主要的是，这些孩子都成了个性独立、做事果断的人。因此，我们了解到，音乐和美术的启蒙意义就在于保护并且不断发展孩子的创造和想象能力，这种能力当然在孩子的幼儿时期就已经存在，但使之不至于随着年龄的增长而丧失则是这种教育存在的真正原因了。

音乐和美术等与美育相关的东西，与文学、绘画、雕塑、舞蹈、戏剧等艺术形式相区别的地方，就在于其是一门抽象的艺术。它借助声音或者颜料等物质材料，建筑一个音响和色彩的世界，刺激孩子们的听觉和视觉，进而与孩子在情绪、情感和思想境界上达到某种沟通，最终作用于他们的心灵。

那么，孩子在绘画上是否也有审美的天性？答案当然是肯定的。一个最明显的例子是，孩子在画电车时，会把电车的侧面、正面和后面都画出来，并把道路两旁的树画得倒在道路的两旁。他们不仅把自己看到的画下来，而且放宽视野把自己所知道的完整的事物也都画下来。展开式的画法也是孩子作画的特点。孩子的这种画显得稚拙、可爱、富于想象力。而且，大人仔细观察还会发现，当孩子们画远近交错的事物时，他们总是先把眼前的事物画出来，然后再把远处的事物画到纸的上方。这也是孩子绘画思维的正常表现，也许大人会觉得孩子画得杂乱无章，会惊讶于孩子的天才表现力，但其实这些都不异常，这些只是孩子们的审美天性的表现。对于周围的事物，孩子的思维都是比较具体的。他们在感知客观事物时，都是一个一个认识的。因此，孩子在绘画时表现出“突出中心事物”这一特点，他们想画什么就画什么。孩子没有完全建立起合乎逻辑的空间概念。因此，他们不能完美地掌握上下、前后、左右三度空间概念。他们对比例预估的能力发展得又比较晚。让孩子在平面纸上画出具有三维空间效果的画是比较困难的。所以，孩子的画就具有一种没有远近、没有前后、没有大小、任意排列的平面构图特点。

孩子求全，力求表现和反映真实生活，技巧欠缺。这实际上是孩子心理活动的反映。这是孩子们内心的想象与幻想的反应，因为这些活动在孩子们的心中占有极重要的地位。孩子掌握的知识虽然很少，却可以不受常识的限制，海阔天空地任意想象。他们看月牙可能像个秋千，甚至想上天去做游戏；或者听小鸟鸣叫，就会想象它们在叽叽喳喳地说话——这一点和成年人有很大的区别。成年人见多识广，这种对自然的审美能力反而受到压抑，将这种能力自由发挥的余地受到限制。孩子的特别之处在于，他们画画时为了表现自己的感受，根本不考虑自己的技巧能不能驾驭。

孩子的创作，在色彩使用上也反映出他们的心理特点。孩子们普遍喜欢色泽鲜艳、对比强烈、明快的色调，不喜欢灰暗的色调。孩子认识事物的外部特征，也主要靠色彩体现，如“红果”“红皮球”“红皮鞋”“红花”“绿树叶”……这是孩子由颜色对比产生的夸张的感受。常常听到父母这样问：“我的孩子画画有发展前途吗？”“我们不会画，怎么去辅导孩子呢？”其实这些父母都不必担心，只要大人不去刻意阻碍孩子在音乐和美术方面的发展，他们对美的事物就会具有敏感性。